Simon Staiger, Sebastian H. Schenk

Entwicklung von UMTS - Standards und Patente für die nächste Mobilfunkgeneration

GRIN Verlag

Bibliografische Information der Deutschen Nationalbibliothek:

Die Deutsche Bibliothek verzeichnet diese Publikation in der Deutschen National-
bibliografie; detaillierte bibliografische Daten sind im Internet über http://dnb.d-
nb.de/ abrufbar.

Impressum:

Copyright © 2001 GRIN Verlag GmbH
Druck und Bindung: Books on Demand GmbH, Norderstedt Germany
ISBN: 978-3-656-04297-6

Dieses Buch bei GRIN:

http://www.grin.com/de/e-book/105780/entwicklung-von-umts-standards-und-
patente-fuer-die-naechste-mobilfunkgeneration

HPI Potsdam, www.hpi.uni-potsdam.de
Integrierter Wettbewerb für Softwaresysteme II:
Standards, Monopole, Patente
WS 2000/2001, Dipl.-Inform. Michael Strerath

Entwicklung von UMTS

Standards und Patente für die nächste Mobilfunkgeneration

Sebastian H. Schenk, mail@sebastian-schenk.de
Simon Staiger, mail@sstaiger.de

Gliederung

1. "Ericsson vs. Qualcomm"

Die Rolle von Patenten im strategischen Marketing eines Unternehmens ist von nicht zu unterschätzender Bedeutung, dies wird besonders im Kontext von Standards deutlich. Konkurrierende Unternehmen müssen sich zusammenfinden und zusammenarbeiten, um einen solchen Standard zu schaffen, denn jedes einzelne von ihnen wäre allein meist nicht im Stande, einen De-Facto-Standard zu schaffen. Nun versuchen die Unternehmen, die Eigentümer eines passenden Patentportfolios sind, mit diesen Patenten ihre Interessen bezüglich des zu schaffenden Standards durchzusetzen. Denn je mehr Patente ein Unternehmen in einen Standard einbringen kann, um so höher werden zukünftige Lizenzzahlungen ausfallen.

Dass es bei der Standardisierung von Telekommunikationstechnologie nicht ausschließlich um die beste technologische Realisierung, sondern auch um so profane Dinge wie Marktanteil, Produktionsvorteile und Geld geht, zeigt das Beispiel "Ericsson vs. Qualcomm", wo zwei Unternehmen durch gegenseitige Verletzungsklagen versuchten ihren Vorteil bei der Standardisierung von 3G-Technologie durchzusetzen.

Der Streit zwischen Ericsson und Qualcomm zeichnet sich ab, als klar wird, dass nicht ein weltweiter Standard für 3G-Mobilfunk, sondern eine Familie von Standards entstehen würde. Welchen Standard die einzelnen Betreiber dann wählen würden, hängt davon ab, welche Technologie sie vorher unterstützt hatten. Vor allem in Europa und Asien ist dies GSM mit mehreren 100 Millionen Nutzern und in den USA cdmaOne, das nicht annähernd so erfolgreich ist.

So wird in Europa vor allem W-CDMA und TD-CDMA als Übertragungstechnik für 3G-Netze favorisiert, die rückwärtskompatibel zu GSM sind, während in den USA cdma2000 die bisherige Technik ablösen sollte. Ericsson als international tätiges Kommunikationsunternehmen verfügt über eine ganze Reihe an Patenten, die für die europäische Lösung W-CDMA notwendig sind, wohingegen Qualcomm mit cdma2000 eine eigene, zu GSM nicht kompatible Technik einführen will. Qualcomm sieht aufgrund dieser Inkompatibilität seine Chancen auf dem internationalen Markt - vor allem dem asiatischen - für 3G-Mobilfunk schwinden, so wie es schon bei GSM geschehen war, und will es diesmal nicht so weit kommen lassen.

Qualcomm befindet sich ebenfalls in einer starken Position. Das Unternehmen hält viele Patente an CDMA, dem Vorgängersystem aller favorisierten Lösungen. Qualcomm erwirtschaftet mit der Lizenzierung von Eigenentwicklungen, darunter auch CDMA, viel Geld. Sollte tatsächlich eine Lösung ohne Qualcomm zu Stande kommen, würde das Unternehmen langfristig in Schwierigkeiten kommen. Aus vitalen Interessen will Qualcomm, dass seine Patente auch in den neuen 3G-Standard einfließen und die konkurrierenden Systeme harmonisiert werden. Der Verdacht liegt nahe, dass Qualcomm auf diese Weise eine beständigen Strom von Einnahmen aus Lizenzgebühren generieren will.

Es zeichnet sich Widerstand dagegen ab, als Ericsson, das nicht zu den 55 Unternehmen gehört, die Lizenzen im Zusammenhang mit CDMA erwarben, im September 1996 Klage gegen Qualcomm einreicht, denn das Unternehmen ist überzeugt, dass Qualcomm CDMA-Patente von Ericsson verletzen würde.

HPI Potsdam, www.hpi.uni-potsdam.de
Integrierter Wettbewerb für Softwaresysteme II:
Standards, Monopole, Patente
WS 2000/2001, Dipl.-Inform. Michael Strerath

Qualcomm muss handeln und beschuldigt im Dezember 1996 seinerseits Ericsson der Verletzung von Patenten, ohne die europäische W-CDMA Lösung nicht funktionieren könnte. Und weiterhin, dass die Europäer ihr System absichtlich inkompatibel zu cdma2000 gemacht hätten, um den A-merikanern ihr System aufzuzwingen. Das sind zwei schwere Vorwürfe: Patentverletzung und Protektionismus. Qualcomm droht dem ETSI, seine CDMA-Patente nicht unter der ETSI IPR-Policy zu lizenzieren, wenn nicht eine bessere Lösung gefunden würde. Im Gegenzug verweigert Ericsson Qualcomm Lizenzen für die GSM-Technologie, die für die Herstellung von Dual-Band-Handys wichtig sind.

Der Streit weitet sich auch auf die politische Ebene aus, als der Handelsbeauftragte der US-Regierung, Charlene Barshefsky, der Europäischen Kommission im Oktober 1998 droht, die Welthandelsorganisation WTO einzuschalten, wenn Europa weiter versuche, amerikanische Unternehmen aus dem europäischen Mobilfunkmarkt der dritten Generation auszuschließen. Es besteht auf Regierungsseite der Verdacht, dass die Europäer einen Standard für die dritte Generation im Eilverfahren in den Markt drücken wollen, um die gleichen "first-to-market"-Vorteile zu erzielen wie bei GSM. Diese Vorwürfe weist der damalige EU-Kommissar Bangemann kategorisch zurück, keine Technologie würde der anderen vorgezogen, solange die ITU noch nicht entschieden habe.

In dieser festgefahrenen Situation ergreift die ITU die Initiative. Eines der Grundprinzipien der ITU für die Standardisierung von 3G-Technologien ist es, diese nur dann zu offiziellen Standards zu machen, wenn alle Patentfragen geklärt und alle Beteiligten bereit sind, ihre Patente zu fairen, vernünftigen, nicht diskriminierenden Bedingungen an die anderen Beteiligten zu lizenzieren. Die ITU setzt den Unternehmen im Dezember 1998 eine Frist bis zum 30. März 1999, um eine Einigung zu erzielen, anderenfalls würden beide Vorschläge bei der Standardfestlegung nicht berücksichtigt werden.

Erst am 25. März 1999 kommen die Unternehmen zu einer für beide Seiten vorteilhaften Einigung. Qualcomm und Ericsson tauschen im Rahmen eines Cross-Licensing Lizenzen zu den CDMA-Technologien W-CDMA, cdmaOne, cdma2000 und zur GSM-Technik aus. Diese Lizenzen stehen dann auch anderen Unternehmen zu angemessenen Bedingungen zur Verfügung. Beide Unternehmen einigen sich, für einen vereinheitlichten 3G-Mobilfunkstandard einzutreten.

Darüber hinaus übernimmt Ericsson von Qualcomm den Unternehmensbereich terrestrische Funknetze - einschließlich F&E-Abteilung und Personal - und baut so sein Standbein auf dem amerikanischen Markt aus. Qualcomm kann nun auch endlich GSM-Handys für die USA herstellen. Louis Lupin, der Vizepräsident von Qualcomm sagte zu dem Ergebnis: "It was a true win-win situation. Qualcomm is very, very happy that what had at times been a bitter dispute ended like this. We are looking forward to working closely with Ericsson in CDMA technology."

Der Weg für die Standardisierung von 3G-Mobilfunk ist wieder frei. Der Rechtsstreit zwischen Ericsson und Qualcomm sorgte für viel Verunsicherung bei den mit der Standardisierung von 3G-Technologie befassten Gremien und Unternehmen. Es wird deutlich, wie wichtig Patente für das Zustandekommen von Standards sind und dass man sich ein System ausdenken muss, um für alle Interessierten die essentiellen Patente verfügbar zu machen und somit der neuen 3G-Mobilfunk für alle Beteiligten zu einem kommerziellen Erfolg werden zu lassen.

2. Analyse der beteiligten Gruppen

Wenn man über UMTS reden will, muss man sich entscheiden, ob der technische Standard UMTS, die effizienteste Implementierung der Luftschnittstelle, die Generierung neuer Einnahmeströme, die tollen neuen Möglichkeiten mobiler Kommunikation oder Vermarktung der Trägerfrequenzen im Mittelpunkt der Betrachtung stehen sollen. Es ist weiterhin hilfreich zu erarbeiten, welche Gruppierungen zu UMTS in Beziehung dazu stehen und welches Interesse diese mit UMTS verbinden. Denn bei der Analyse des Standards UMTS und der dazu gehörigen Technologien fällt auf, dass, je nachdem welche Quelle man gerade vor sich hat, auch unterschiedliche Sichten auf diesen Standard zu Tage treten. Es kristallisieren sich dabei folgende fünf Interessengruppierungen heraus:

1. Standardisierungsgremien
2. Technologiehersteller
3. Netzbetreiber
4. Endnutzer
5. Staatliche Behörden

Diese fünf Gruppen sind im folgenden hinsichtlich ihrer Bedeutung für UMTS als Standard und als Produkt genauer zu untersuchen. Von besonderem Interesse für die kommenden Abschnitte der Untersuchung sind die Technologiehersteller und Entscheidungsgremien.

Hinweis: Die Begriffe 3G und UMTS werden im folgenden synonym verwendet. UMTS ist die Bezeichnung, die das ETSI für die 3G-Technologie eingeführt hat.

2.1 Standardsetzungsgremien

Damit sich UMTS als neues Netz mit neuer Technologie und neuen Terminals überhaupt durchsetzen kann, müssen eine Reihe von Voraussetzungen erfüllt sein. Von besonderer Wichtigkeit ist es dabei, einen weltweit möglichst einheitlichen Standard zu formulieren. Es existieren eine Reihe von Standardsetzungsgremien für Telekommunikation, im wesentlichen hat jeder Kontinent bzw. jede in der mobilen Kommunikation technologisch führende Nationen ein solches Gremium. Von besonderer Bedeutung für UMTS ist dabei das Third Generation Partnership Project (3GPP), in welcher sechs Standardsetzungsgremien zusammenarbeiten, sowie die International Telecommunication Union, welche die Bedingungen festlegt, die eine 3G-Technologie erfüllen muss.

In den Standardsetzungsgremien arbeiten Experten der Technologiehersteller, Netzbetreiber and staatlicher Behörden zusammen, um die einzelnen technischen Spezifikationen für UMTS festzulegen. Neben den technischen haben diese Spezifikationen auch viele rechtliche Implikationen, z.B. hinsichtlich Lizenzierung und Wettbewerb (Art. 81 und 82 EU Wettbewerbsrecht). So versuchen die einzelnen Parteien (vor allem die Hersteller) in diesem Gremium nicht nur, die beste Technologie herauszuarbeiten, sondern auch gleichzeitig soviel eigene Patente wie möglich einzubringen. Die Arbeit der Gremien umfasst alle Aspekte von UMTS, es geht nicht nur um Schnittstel-

HPI Potsdam, www.hpi.uni-potsdam.de
Integrierter Wettbewerb für Softwaresysteme II:
Standards, Monopole, Patente
WS 2000/2001, Dipl.-Inform. Michael Strerath

len, Codierung und grundlegende Funktionsprinzipien, sondern auch darum, welche Dienste für die Endnutzer möglich sein werden.

2.2 Technologiehersteller

Diese Gruppe umfasst all jene Hochtechnologie- und Telekommunikationskonzerne, die über die nötigen Patente für die 3G-Technologien und/oder die Fähigkeit verfügen, dieses Wissen in Hard- oder Software umsetzen zu können. Zu dieser Gruppe zählen Unternehmen wie Ericsson, Nokia, Alcatel, Siemens, Motorola und Qualcomm. Insgesamt umfasst diese Liste alle namhaften Unternehmen, die in diesem Markt tätig sind.

Das vordergründige Interesse der Technologiehersteller ist es, ihre Technologien in Form von Netzwerkkomponenten und mobilen Terminals (Handys) an die Netzbetreiber bzw. die Endnutzer zu verkaufen. Diese Gruppe ist es auch, die die technologische Entwicklung von UMTS maßgeblich vorantreibt, denn die Komponenten, welche diese Unternehmen herstellen und verkaufen, sind von relativ haltbarer Natur: ein einmal installiertes und funktionierendes Netz bringt keine neuen Einnahmen. Wenn sich UMTS durchsetzt, müssen die Netze neu aufgebaut oder umgerüstet werden, dies bedeutet für die Technologiehersteller einen neuen Strom von Einnahmen. Ein Paradigmenwechsel wirkt gerade auf die Telekommunikationsbranche sehr belebend. Dazu kommt, dass dieses Mal die Unternehmen nicht auf lokale Märkte (lokal im weiteren Sinne, gemeint sind Europa. Nordamerika, Ostasien) beschränkt sind, so wie es anfänglich bei GSM war, sondern der Markt für UMTS global ist.

Da die mit UMTS verbundenen technischen Spezifikationen seit 1999 in einer ersten Version festgeschrieben sind und UMTS als Standard offenen Charakter hat, könnten theoretisch alle beteiligten Unternehmen über dieselbe technologische Wissensbasis verfügen. Bei genauerer Betrachtung existieren jedoch Unterschiede, Ericsson z.B. ist derzeit führend in der UMTS-Netzwerktechnik, während Motorola und NEC die ersten Handys zur Marktreife bringen können. Durch Unterschiede hinsichtlich Erfahrung und bisheriger Marktposition können die Nachteile eines offenen Standards für einzelne Unternehmen ausgeglichen werden.

2.3 Netzbetreiber

Diese wichtige Gruppe umfasst die Vielzahl an europäischen und internationalen Netzbetreibern, die ein oder mehrere Mobilfunknetze betreiben. Deren Namen sind durch eigene Nutzung und Presse hinlänglich bekannt, zu ihnen zählen Vodafone, Orange, die Deutsche Telekom, NTT Do-CoMo, Panatel und One2One. Für diese Gruppe ist UMTS vor allem als neue Netzwerktechnologie entscheidend. Diese Unternehmen gehören zur Zielgruppe der Technologienutzer, denn diese Unternehmen müssen, wenn sie von Anfang an ihren Nutzern die erweiterten UMTS-Dienste anbieten wollen, die neue Netzwerktechnologie kaufen, um ihr Netz auf- oder auszubauen. Außerdem sind sie das Bindeglied beim Vertrieb der mobilen Terminals.

Die Netzbetreiber tragen auch einen großen Teil des Risikos bei der Einführung von UMTS, denn um UMTS bereitstellen zu können, muss die Infrastruktur vorhanden sein, was wiederum hohe Investitionen (auch und vor allem in die erforderlichen Frequenzbänder) erfordert. Sollte sich UMTS bei den Endnutzern nicht durchsetzen, bleiben diese auf ihren Kapazitäten und Investitionen sitzen.

Aufgrund der überragenden Möglichkeiten, die UMTS bietet, wird sich die auch Rolle der Netzbetreiber ändern. Weg von bloßem Management des Netzes hin zum aktiven Anbieten von Inhalten und Dienstleistungen. Nach Meinung von Experten ist die Einführung von UMTS für Netzbetreiber ein absolutes Muss, wenn man ein Stück vom Milliardenkuchen Telekommunikationsmarkt abhaben möchte.

2.4 Endnutzer

Über die Interessenlage dieser Gruppe kann man im Moment nur mutmaßen, da bis auf einige Testnetze noch keine flächendeckende Einführung von UMTS stattgefunden hat. Für die Nutzer bedeutet die Einführung von UMTS vor allem, dass das Internet mobil wird, Verbindungsraten möglich sind, die heute noch teuer als zusätzliche Dienste gekauft werden müssen und meist nur stationär (ISDN, xDSL) genutzt werden können. Die Liste der denkbaren Dienste ist heute schon recht lang und wird in Zukunft sicher noch länger werden. UMTS bedeutet hier eine neue Qualität in der Nutzung mobiler Telekommunikation: das Handy wird zur mobilen Informationsstation in allen Lebenslagen.

Zwar haben die Endnutzer keinen direkten Einfluss auf den Standardsetzungsprozess, jedoch sind sie es, die über Erfolg und Misserfolg von UMTS entscheiden. Sie müssen noch von der unbedingten Notwendigkeit von UMTS überzeugt werden. Ihnen kann und sollte egal sein, wie das Netz funktioniert und wie jetzt genau die Daten kodiert werden. Was ihnen jedoch nicht egal ist sind Nutzwert und Kosten der kommenden Netze. Gefordert werden eine oder mehrere "Killer Applications" (wie der Short Message Service bei GSM) und eine akzeptable Preisgestaltung der Dienste.

2.5 Staatliche Behörden

Für die Staaten, in denen das UMTS eingeführt werden soll, ist dieses Netz ein Glücksfall, denn die Frequenzen, in denen UMTS funktioniert, gehören den Staaten und diese haben das Recht, über diese begrenzte Ressource zu verfügen. Dies nahmen ein Reihe von europäischen Staaten zum Anlass, die entsprechenden Frequenzbänder unter den Netzbetreibern zu versteigern.

Die Preise, die bei diesen Auktionen erreicht wurden, sind astronomisch. In Deutschland z.B. mussten sechs Netzbetreiber jeweils rund 16 Milliarden Mark bezahlen, um überhaupt die Voraussetzung zu schaffen, am UMTS-Geschäft teilnehmen zu können. Darüber hinaus haben die Regierungen noch gewisse Bedingungen an die Vergabe der UMTS Frequenzen geknüpft, so muss z.B. in Deutschland bis Ende 2003 25 Prozent der Bevölkerung theoretisch im UMTS-Netz telefonieren

HPI Potsdam, www.hpi.uni-potsdam.de
Integrierter Wettbewerb für Softwaresysteme II:
Standards, Monopole, Patente
WS 2000/2001, Dipl.-Inform. Michael Strerath

können, sonst wird die Lizenz wieder entzogen. Weiterhin ist das Nutzungsrecht der Frequenzen auf 20 Jahre begrenzt.

3. Der Mobilfunkmarkt

Bis zum Jahr 2010 werden voraussichtlich mehr als eine Milliarde Menschen mit UMTS kommunizieren.

-Siemens-Marketing

Entsprechend Veröffentlichungen des Bundesministeriums für Wirtschaft und Technologie verdoppelte sich seit 1998 etwa jährlich der Anteil der deutschen Haushalte, die mit Mobiltelefonen ausgestattet sind. Im Jahr 2000 verfügten 33,4% der Mehrpersonenhaushalte über mindestens ein Mobiltelefon, mittlerweile ist die 50%-Marke überschritten.

Nach einer Pressemitteilung des Statistischen Bundesamtes vom 31. Januar 2001 sind jedoch die Endverbraucherpreise für den Mobilfunk stark zurückgegangen: Im Januar 2001 zahlten die privaten Haushalte unter der Annahme eines unveränderten Gesprächverhaltens 14,7% weniger für das Mobiltelefonieren als im Januar 2000.

Eine verlässliche Abschätzung für das Gesamtvolumen des kommenden UMTS-Marktes lässt sich wegen zu vieler unwägbarer Faktoren und Risiken nicht ermitteln; gerade nach dem für die Telekommunikationsbranche turbulenten Jahr 2001 gehen die Prognosen der Marktforscher für den Gesamtmarkt zu weit auseinander, um noch als aussagekräftig gelten zu können. Beispiele aus DER SPIEGEL 46/2001 hierzu:

§   Prognostizierter europaweiter Umsatz für das Jahr 2003. Während die Marktforschungsgesellschaft Durlacher in ihrem Report "UTMS - An Investment Perspective" von Umsätzen in Höhe von 48 Milliarden Mark ausgeht, erwartet Jupiter MMXI lediglich 4 Milliarden DM. Allerdings geht Jupiter gleichzeitig davon aus, dass im Jahr 2005 in Europa mehr Menschen mobil im Internet surfen als über einen PC.

§   Geplante Anschaffung von UMTS-Geräten. Eine Dialego-Umfrage ergab, dass 61% der Befragten den Kauf von UMTS-Geräten planen, während laut einer Emnid-Umfrage 71% "wahrscheinlich" oder "ganz sicher" kein UMTS-Handy kaufen wollen.

Hier soll ein Überblick zur momentanen Marktsituation gegeben werden, anhand derer sich die kommende Entwicklung des weltweiten Marktes grob abschätzen lässt. Ablesen lässt sich in jedem Falle die Wichtigkeit des kommenden UMTS-Marktes für alle beteiligten Firmen; weiterhin soll die Notwendigkeit der neuen Technologie für den weiteren wirtschaftlichen Erfolg der Anbieter erläutert werden.

Der UMTS-Markt lässt sich analog zu den Interessengruppen aufteilen: verdient wird am Betrieb der Netze, Netzaufbau, -erweiterung und -wartung, den Endgeräten und an Zusatzdiensten wie Messaging. Der Fokus dieser Untersuchungen liegt auf dem deutschen und dem europäischen Markt.

3.1 Netzbetreiber in Deutschland

Während sechs verschiedene Firmen UMTS-Lizenzen ersteigert haben sind heute nur vier Anbieter am Markt aktiv. Alle erzielten innerhalb der relativ kurzen Zeit seit den Netzstarts recht hohe Umsätze. Die folgende Tabelle bietet eine Übersicht zum momentanen Mobilfunkmarkt Deutschland.

Firma	Umsatz 2000 in DM	Anzahl Mobilfunkkunden	Netz in Betrieb seit
T-Mobile	13 Milliarden	22.6 Millionen	1992
D2-Vodafone	10 Milliarden*	20 Millionen	1992
E-Plus	4.6 Milliarden	7.53 Millionen	1994
Viag Interkom	3.1 Milliarden	3.2 Millionen**	1998
Gesamt	30.7 Milliarden	53.33 Millionen	

*) 1999
**) mit Festnetzkunden von BT Ignite

Diese Aufstellung ergibt einen geschätzten mittleren Jahresumsatz von etwa 575.-DM pro Kunde. Allerdings würden die Shareholder der Netzbetreiber ihre Erwartungen ohne die Einführung der neuen Technik UMTS noch weiter dämpfen müssen, da der deutsche Markt bereits eine recht hohe Sättigung aufweist, der Wettbewerb zwischen den Firmen jedoch stärker werden wird. Man kann davon ausgehen, dass diese Umsätze von etwa 600.-DM pro Kunde und Jahr mit der neuen Technik UMTS noch weiter gesteigert werden können - wegen der zusätzlichen Datendienste und nicht zuletzt, da die Betreiber voraussichtlich auch mehr an kostenpflichtigen Diensten verdienen werden als mit heutigen Angeboten wie dem erfolglosen WAP. Dieser Aspekt soll im folgenden behandelt werden.

3.2 Einkommen durch Zusatzdienste

Eines der größten Phänomene im europäischen Mobilfunkmarkt ist der Nachrichtendienst SMS. Ursprünglich zum Nachrichtenaustausch von Gerät zu Gerät zwischen verschiedenen Netzbetreibern konzipiert, stellt der Kurznachrichtendienst heute eine der größten Einnahmequellen für die Netzbetreiber dar. Diese Entwicklung ging innerhalb kürzester Zeit und ohne großen Aufwand für Technik und Marketing vonstatten. Die GSM Association geht von 23 Milliarden Textnachrichten weltweit in den GSM-Netzen im September 2001 aus - im Dezember 2001 sollen es bereits 30 Milliarden Nachrichten werden.

In Hinsicht auf UMTS wollen die Netzbetreiber in diesem Bereich weitere Dienste anbieten, etwa Erweiterungen der heutigen Textnachrichten hin zu Enhanced Messaging Services (EMS) und Multimedia Messaging Services (MMS), mit denen dann zum Beispiel das - natürlich kostenpflichtige - Versenden von mit den Endgeräten erstellten Bildern möglich sein soll.

Weiterhin sind von den heute versendeten Kurznachrichten nur etwa zehn Prozent Abonnementdienste wie Nachrichten oder Sonderdienste wie das Herunterladen von Klingeltönen. In diesem Bereich kann der Ertrag durch UMTS ebenfalls gesteigert werden, beispielsweise durch Telematikdienste, Kurzfilme oder Onlinespiele, die von den Netzbetreibern oder ihren Partnern angeboten werden.

3.3 Endgeräte

Datacomm Research veröffentlichte Ende 1999 die Studie "Wireless Web Wonders: Opportunities For Smart Phones & PDAs"; der Autor ist der ehemalige Marketingleiter von U.S. Robotics. Er geht davon aus, dass bis zum Jahr 2003 insgesamt über 350 Millionen UMTS-fähige PDAs und Smartphones verkauft werden.
Unterstützt wird diese Schätzung von den riesigen Absatzzahlen von PDA-Herstellern wie Palm Computing und Compaq. Ira Brodsky, President von Datacomm Research, geht weiterhin davon aus, dass bis 2005 neun von zehn verkauften Mobiltelefonen zur Kategorie der Smartphones gehören werden - jene hochpreisigen Geräte, die die Funktionen von Personal Digital Assistant und Handy vereinen. Im Jahr 2005 wird dann auch der Markt für diese UMTS-Geräte größer sein als der für Personal Computer.
Bereits heute ist der Trend hin zu Smartphones sichtbar: für aktuelle Highend-Mobiltelefone sind Funktionen wie Terminverwaltung, Memoapplikation und Bluetooth-Schnittstelle bereits Pflicht. Für verschiedene PDAs gibt es dagegen Erweiterungen, die GSM-Datenanbindung und Telefonie mit dem Handheld ermöglichen.

Es ist davon auszugehen, dass UMTS-Geräte aufgrund der komplexen Technik teurer werden als heutige GSM-Telefone. Erwartet werden UMTS-Geräte mit hochauflösenden Displays und neuen Funktionen, um die hohen Datenraten von UMTS auch nutzen zu können; die aktuellen Chipsätze der Firma Qualcomm etwa integrieren bereits Funktionen wie Satelliten-Ortsbestimmung, Bluetooth-Anbindung und Multimediafunktionen.
Mit solchen Multifunktionsgeräten wird dann auch die Gewinnspanne für die Hersteller höher ausfallen. Ein weiterer Aspekt ist die Notwendigkeit von Multimode-Endgeräten: wegen der zunächst im Gegensatz zu heutigen Netzen relativ geringen prozentualen Flächenabdeckung werden Hybridgeräte notwendig sein, die sowohl UMTS als auch bestehende digitale Netze nutzen können. Auch dieser Faktor wird den Preis für Geräte in die Höhe treiben.

Verdienen werden die Endgerätehersteller aber vor allem dadurch, dass die momentane Marktsättigung durch die neue Technik überwunden wird. Besonders in Deutschland wurden bis vor wenigen Monaten Kunden durch massive Subventionierung der Telefone gewonnen: die Zweijahresbindung an den Netzbetreiber wurde durch das Verschenken von hochwertigen Geräten versüßt. Von diesem Vorgehen der Betreiber zum Gewinnen von Marktanteilen profitierten die Gerätehersteller, da auf diese Weise ein hoher Anteil teurer Handys in Umlauf kam. Ohne die neue Netztechnik und die damit verbundenen Geräteanschaffungen würden spätestens ab 2003 die Absatzzahlen von Herstellern wie Siemens, Nokia und Motorola in dieser Sparte drastisch zurückgehen.

3.4 Netzaufbau

Die Bereitstellung und Installation der Kern- und IP-Netze scheint einer der wenigen Bereiche zu sein, für die bereits verbindliche Aussagen getroffen werden können.

Eine D2-Vodafnone-Pressemeldung vom 23. November 2000:

D2 bestimmt UMTS-Systemlieferanten
Milliardenauftrag zu gleichen Teilen an Ericsson und Siemens

Düsseldorf, 23. November 2000. D2 setzt auf erfolgreiche Partnerschaften: Das Düsseldorfer Unternehmen hat jetzt seine bisherigen Hauptlieferanten Ericsson und Siemens zu gleichen Teilen mit der Bereitstellung der UMTS-Systemtechnik für das D2-Netz beauftragt. Das Auftragsvolumen beträgt je Vertragspartner rund eine Milliarde Mark bis Ende 2002. Bereits in den nächsten Monaten werden die ersten Netzkomponenten geliefert und installiert.

Insgesamt wird der Aufbau der UMTS-Netze und die Erweiterung bestehender Netze europaweit Investitionen von geschätzten 250 Milliarden Mark erfordern - eine weitere Belastung für die Netzbetreiber, die für die Lizenzen in Europa bereits nochmals eine viertel Billion Mark bezahlt haben.

Eine Besonderheit bei den Mobilfunknetzen besteht darin, dass die Investitionen nicht nur den Aufbau der Mobilfunkzellen betrifft, sondern auch deren Anbindung an kabelgebundene Netze. Dieser Ausbau der öffentlichen Fernsprechnetze (public switched telephone network, PSTN) und Datennetze bietet ebenfalls riesige Auftragsvolumen und kann schon als eigenständiger Markt innerhalb der UMTS-Entwicklungen gesehen werden.

Gewinner im Bereich der Netztechnik sind etablierte Konzerne wie Ericsson, Siemens und Lucent, die ihre Erfahrung einbringen können. Allerdings handelt es sich hier primär um wenn auch hohe, so doch einmalige Ausgaben: die Anfangsinvestitionen für den Aufbau der Netze übersteigen die Betriebskosten der Technik bei weitem.

3.5 Außereuropäische Märkte

Die Technik hinter dem Standard UMTS ist darauf ausgelegt, dem Kunden weltweites Roaming zu ermöglichen; und auch außerhalb Europas gibt es für die beteiligten Firmen natürlich hochinteressante Märkte. Hohe Gewinne erwarten Telekommunikationsunternehmen etwa in Japan; es ist davon auszugehen, dass hier die neue Technik UMTS am schnellsten aufgenommen wird. Den größten Wachstumsmarkt weltweit wird jedoch langfristig wohl China (momentan 1,3 Milliarden Bewohner, 30% Stadtbevölkerung) darstellen.
Doch auch die Vereinigten Staaten betreffend lassen die Zahlen aufhorchen: laut den Informationen von US-Market.de telefonieren in den USA erst 30% der Bevölkerung mobil; nach den asiatischen Märkten wird dies wohl der größte Wachstumsmarkt im Bereich der Telekommunikation

HPI Potsdam, www.hpi.uni-potsdam.de
Integrierter Wettbewerb für Softwaresysteme II:
Standards, Monopole, Patente
WS 2000/2001, Dipl.-Inform. Michael Strerath

sein. Besonders interessant wird der US-Amerikanische Markt laut Informationen von Dr. Paul E. Jacobs (Präsident des Handy-Pioniers Qualcomm) dadurch, dass bei den 15- bis 19-Jährigen im Bereich der Mobilen Telekommunikation erst eine Marktdurchdringung von gerade einmal 15 Prozent vorliegt. Das sei aber genau diejenige Zielgruppe, die neue Geräte und Services als erste akzeptiert.

3.6 Fazit

Die gigantischen Ergebniszahlen des heutigen Marktes der mobilen Telekommunikation sind beeindruckend. UMTS wird diesen Markt dann in großem Ausmaß erweitern, wenn die neue Technik in den Haushalten und Firmen auch bestehende Technik wie breit- und schmalbandige Datenanbindungen und kabelbasierte Telefonie ersetzt: UMTS als universale Kommunikationsschnittstelle, ein riesiger, globaler Markt.

Doch um auf den Anfangs genannten Artikel im SPIEGEL 46/2001 noch einmal zu zitieren: "Vielleicht steht die einstige Glitzerbranche mit dem Einstieg in die nächste Mobilfunkgeneration [...] vor dem vielleicht größten Risiko in der modernen Industriegeschichte". Sollten die Kunden UMTS nicht akzeptieren und statt dessen etwa auf günstige Pakete von GSM-Mobilfunk, althergebrachter kabelgebundener Telefonie und heute verfügbaren breitbandigen Datenanbindungen wie DSL zurückgreifen, könnte UMTS zum wirtschaftlichen Desaster für die beteiligten Firmen werden. Weitere Konkurrenz besteht durch die heute schon verfügbaren Migrationstechnologien wie HSCSD und GPRS.

Joanna Shields (Vice President von Real Networks Europe) hielt auf der Messe "Internet World Berlin 2001" eine Keynote zum Thema Streaming Media, in der sie sagte: "Content drives platform revenue". Es müssen auch den potenziellen UMTS-Kunden neue Dienstleistungen, Programme und Anwendungen geboten werden, damit die neue Technik akzeptiert wird. Erst wenn diese Anwendungen feststehen wird sich die Akzeptanz von UMTS bestimmen lassen - und damit der Umfang des unsichersten Wachstumsmarktes dieses Jahrzehnts.

4. Technologien im Umfeld von UMTS

GSM: More than a technology... it's a way of life.
-GSM Association

4.1 Anwendungen und Dienste mit 3G

UMTS-Netze sollen bei langsam bewegten Endgeräten Datenverbindungen mit bis zu 2MBit/s und mobil mit bis zu 384kBit/s ermöglichen. Damit ist erstmals auch mobiler Zugriff auf umfangreiche Datenmengen möglich; multimediale Inhalte wie Video und Musik sollen drahtlos auf Geräte übertragen werden, die nicht größer sein werden als heutige Mobiltelefone.

An Beispielen zu Anwendungsmöglichkeiten fehlt es den beteiligten Firmen dabei nicht, es werden alle möglichen Anwendungen von "Ansehen des Trailers schon auf dem Weg zum Kino" über die "Benachrichtigung über die Happy Hour in der Kneipe um die Ecke" bis hin zu Videokonferenzen zwischen Mitgliedern einer Arbeitsgruppe genannt - es sind aber auch viele Anwendungen dabei, die auch ohne UMTS nicht ganz unmöglich erscheinen. So wäre das Einchecken zu einem Flug auch mit heutiger Technik möglich oder die Navigation per Handy (in Verbindung mit GPS oder Geräteortung durch die Mobilfunkmasten) denkbar.

Langfristig peilen die Anbieter mit den 3G-Technologien die "Wireless Information Society" an: vor allem im privaten Bereich soll UMTS die bestehenden Kommunikationssysteme ersetzen, also existierende Telefon- und Datenanschlüsse überflüssig machen. Die Kommunikation mit anderen Geräten wie dem stationären PC Zuhause kann dabei ebenfalls kabellos erfolgen: mit Bluetooth steht die passende Technik dazu schon bereit.

4.2 Kurze Mobilfunk-Historie

Analoge Netze - die erste Generation
Bundeseinheitliche Mobilfunknetze existieren in Westdeutschland, seitdem das A-Netz 1959 eingeführt wurde. Diese analogen Mobilfunksysteme werden als "Erste Mobilfunkgeneration" bezeichnet und boten ausschließlich Dienste, wie man sie von einem analogen Telefonanschluss kennt. Das erste Netz, in dem den die Nutzer unter einer bundesweit einheitlichen Vorwahl erreichbar waren, war das 1985 in Betrieb genommene C-Netz. Dieses für seine Zeit sehr erfolgreiche Netz (im Jahr 1993 850000 Kunden) erreichte nahezu 100% Flächenabdeckung und ermöglichte auch erste Datendienste wie Faxübertragungen. Außerdem ebnete es der Gerätetechnik den Weg: 1992 stellte Nokia das erste Gerät vor, das mit unter 500 Gramm Gewicht wirklich mit einer Hand getragen werden konnte - bald waren mehrere Kilogramm schwere Mobilgeräte endgültig passé.
In Deutschland wurde die Ära der analogen Mobilfunknetze mit der Abschaltung des C-Netzes zum 01.01.2001 besiegelt; doch weltweit sind noch viele analoge Netze in Betrieb. So nutzen etwa drei

Viertel der US-Amerikanischen Mobilfunkkunden noch Telefone nach dem analogen AMPS-Standard. AMPS ist durch den Standard ANSI-136 definiert und zu keinem europäischen System kompatibel.

In Brasilien investierte Mannesmann noch 1997 in den Neuaufbau eines Systems, welches dem ehemaligen deutschen B-Netz entspricht.

Vorbereitung auf den Massenmarkt: die digitalen Mobilfunksysteme
Der Nachfolger der analogen Netze wird in Deutschland Mitte 1992 eingeführt und entwickelt sich zu einem echten Massenprodukt: das volldigitale D-Netz. Basierend auf dem GSM-Standard arbeiten die Netze der Deutschen Telekom und von Mannesmann Mobilfunk im Frequenzbereich um 900 MHz und bieten gegenüber den analogen Netzen vor allem eine verbesserte Sprachqualität, aber die GSM-Technik bietet den Kunden auch Datendienste mit 9,6 kBit/s und Zusatzdienste wie den Kurznachrichtendienst SMS. Weiterhin wurde durch die vor allem in Europa einheitliche GSM-Technik und internationale Roamingabkommen unter den Anbietern in verschiedenen Ländern auch das Telefonieren im Ausland möglich. In Deutschland gehen mit E-Plus (1994) und Viag Interkom (1998) weitere zwei Anbieter in einem neuen Frequenzband um 1800 MHz an den Start.

Die auf dem digitalen GSM-Standard basierenden Systeme wurden in letzter Zeit um weitere Datendienste erweitert und werden als Netze der "Zweiten Mobilfunkgeneration" zusammengefasst. In Europa sind heute GSM 900 und GSM 1800 verbreitet. In den USA dagegen hat sich noch ein weiterer GSM-Standard mit 1900 MHz (GSM-PCS) etabliert, da die Frequenzen um 900 und 1800 MHz dort nicht verfügbar waren (militärische Nutzung).

Zukünftige Systeme: 3G
Nun steht die "Dritte Mobilfunkgeneration" vor der Tür: die Verbindung von Telefonie und Datendiensten mit hohen Übertragungsraten. Dabei ist UMTS ein Bestandteil der Vision "IMT-2000" der International Telecommunication Union bezüglich eines globalen Standards von mobilen Kommunikationssystemen der dritten Generation (3G). In den Netzen der dritten Generation sollen zu den Nutzungsmöglichkeiten der heutigen Netze hochwertige Breitbandinformationen, Handelsdienstleistungen und Unterhaltungsservices hinzukommen. Eine große Rolle spielen dabei auch Techniken, die bereits in bestehenden Netzen genutzt werden.

Für diese Systeme sind vorerst Frequenzen um 2GHz geplant; in Deutschland wurden Frequenzblöcke zwischen 1900 und 2170MHz vergeben. Die ETSI hat für eine spätere Erweiterung der UMTS-Netze drei weitere Frequenzbereiche definiert, die sich mit den heute für den Mobilfunknetzen genutzten Frequenzbereichen überschneiden - damit gibt es die Option der Nutzung von "alten" Frequenzen für Systeme der dritten Generation. Ähnlich wurde bereits in den Siebzigern vorgegangen, als in Deutschland A-Netz-Frequenzen für den Nachfolger, das B-Netz, verwendet wurden.

Für einen UMTS-Funkkanal ist eine Bandbreite von 5MHz festgelegt worden, doch diese Bandbreite wird wegen neuer Kodierungsverfahren weit besser genutzt als in bestehenden Netzen.

4.3 Technische Grundlagen

4.3.1 Leitungs- vs. Paketvermittlung

HPI Potsdam, www.hpi.uni-potsdam.de
Integrierter Wettbewerb für Softwaresysteme II:
Standards, Monopole, Patente
WS 2000/2001, Dipl.-Inform. Michael Strerath

Oft genannt im Zusammenhang mit UMTS wird das Stichwort "always online", es wird auch bereits für das Marketing einiger Migrationstechnologien zu 3G genutzt. Im UMTS-System wird es verschiedene Modi geben, die die ständige Datenverbindung bieten werden.

Bei einer leitungsvermittelten Verbindung wird eine ständige Leitung zwischen zwei Teilnehmern aufgebaut - also eine Punkt-zu-Punkt-Verbindung wie in der klassischen Telefonie. Vorteil hierbei ist die relativ einfache Aufbau der Technik, so ist beispielsweise kein aufwändiges Routing entlang der Strecke notwendig. Allerdings ist die Leitungsressource, im Fall der Anbindung eines Mobilfunkgerätes also die Frequenz, auch belegt, wenn keine Daten übertragen werden.

Bei der paketvermittelten Verbindung dagegen besteht kein exklusiver Übertragungskanal. Die zu transportierenden Daten werden wie im Internet-Protokoll IP in einzelne Datenpakete aufgeteilt, wobei jedes Paket Zielinformationen enthält. Einzelne Pakete können verschiedene Routen nehmen; ein Resultat ist eine bessere Ausnutzung der gegebenen Bandbreite. Mit diesem Vorgehen kann im Allgemeinen auch eine höhere Ausfallsicherheit gewährleistet werden, da ausgefallene Stationen entlang der Strecke durch Wahl einer anderen Route kompensiert werden können.

Bei verschiedenen Anwendungen muss "always on" gegeben sein, die ständige Erreichbarkeit ohne vorherigen Nutzereingriff hat zum Beispiel zum Erfolg des SMS-Systems beigetragen. Ein weiterer Vorteil ist der Zugang zu verschiedenen Daten und Diensten ohne eine Verzögerung durch vorherige Einwahl. Dies dient nicht nur der Bequemlichkeit, sondern ist für Anwendungen wie die Authentifizierung beim Bezahlen von Waren erfolgsentscheidend - bei solchen Diensten könnte schon eine Verzögerung im Bereich von 20 Sekunden die Akzeptanz eines neuen Systems verhindern.

Entsprechend der technischen Vorgabe der ständigen Verbindung werden sich auch die Abrechnungsmodelle für verschiedene Dienste ändern: die übertragene Datenmenge zählt, nicht die Zeit, in der eine Verbindung aufrechterhalten bleibt (Airtime). Allerdings führen beispielsweise die Deutsche Telekom und T-Online vor, wie wenig technische Gegebenheiten mit den Entgelten zu tun haben müssen: für das T-DSL-Angebot, also eine Standleitung über Kupferadern, ist auch die Berechnung im Minutentakt möglich.

Die für UMTS verwendete Übertragungs- und Vermittlungstechnik wird auf ATM (Asynchronous Transfer Mode) basieren, obwohl ATM ursprünglich für kabelgebundene Netze entwickelt wurde. ATM ist durch die International Telecommunication Union standardisiert und für verschiedene Leitungen definiert. Nutz- und Steuerinformation werden gemeinsam in Zellen mit einer festen Größe von 53 Byte übertragen. Dabei wird eine asynchrone Übertragung verwendet: die einzelnen ATM-Zellen eines Datenstroms können ähnlich wie bei TCP/IP verschiedene Routen nehmen und werden erst beim Empfänger wieder zusammengesetzt.

4.3.2 Symmetrische vs. Asymmetrische Übertragungen

Bei einer Verbindung eines PCs ins Internet, bei Recherchen in Datenbanken oder bei Broadcast-Anwendungen werden von den Endgeräten meist mehr Daten empfangen als gesendet. Daher wurden Techniken entwickelt, die dem "Upstream", also dem Weg hin zur Gegenstelle, weniger Bandbreite einräumen als dem "Downstream". Solche Verfahren werden bei Analogmodems (33,6kBit/s Upstream, max. 56kBit/s Downstream) oder dem T-DSL-Angebot der Deutschen Telekom (128kBit/s Upstream, 768kBit/s Downstream) verwendet. Ein Resultat der asynchronen Übertragungsraten ist die bessere Auslastung der Bandbreite in Hinsicht auf den Dienst.

Symmetrische Übertragung ist dagegen sinnvoll für (typischerweise leitungsvermittelte) Sprach- oder Bildtelefonverbindungen - UMTS wird voraussichtlich beide Übertragungsmodi bieten.

4.3.3 Optimale Nutzung der Frequenzen durch Zellen und Kodierungen

Die Luftschnittstelle ist eine begrenzte Ressource; dies wurde nicht zuletzt bei den Lizenzversteigerungen deutlich, bei denen sich die meisten Regierungen als "Besitzer" der Frequenzen dieselben quasi vergolden ließen - anders als noch in den achtziger Jahren, als die Frequenzen für private Radio- und Fernsehsender kostenlos vergeben wurden. Ein besonderer Punkt hierbei, der in der Berichterstattung um die Frequenzvergaben nicht deutlich hervortrat: die Gewinner der deutschen Auktionen haben nur ein Nutzungsrecht für die nächsten zwanzig Jahre, und das verbunden mit verschiedenen Auflagen. So müssen die Netzbetreiber beispielsweise bis 2005 mindestens 50 Prozent der Bevölkerung UMTS anbieten können.

Die Knappheit der verfügbaren Frequenzen führte schon bei früheren Funknetzen zur Anwendung von verschiedenen Techniken, die die Ausnutzung der verfügbaren Kanäle verbessern.

Moderne Mobilfunknetze sind in einer Zellstruktur aufgebaut. In der Mitte jeder Zelle befindet sich ein Funkturm bzw. eine Funkantenne, die die Funkversorgung für verschieden große Bereiche sicherstellen. Durch die geografisch getrennten Zellen können die verfügbaren Frequenzen mehrfach verwendet werden. Auch UMTS-Netze werden zellular aufgebaut sein. Durch die techische Ausstattung der Funkstationen und die Größe der Zellen wird im UMTS auch die Verfügbarkeit der verschiedenen Serviceprofile bestimmt. Eine Besonderheit im neuen System ist die Aufteilung der Sendeleistung auf die Nutzer: die Funkleistung pro Teilnehmer ergibt sich aus

Gesamtleistung der Zelle/Anzahl aktiver Nutzer in der Zelle.

Dadurch ändert sich die Größe einer UMTS-Zelle abhängig von der Anzahl der aktiven Nutzer und den verwendeten Serviceprofilen. Dieser Effekt wird als Zellatmung bezeichnet.

Auf der Einteilung in Zellen aufbauend wird mit verschiedenen Kodierverfahren erreicht, dass
§ mehrere Nutzer eine Frequenz gleichzeitig nutzen können und
§ die dann noch gegebene Bandbreite optimal genutzt wird.

4.4 Kodierverfahren

Die in Verbindung mit den 3G-Netzen verwendeten Kodierverfahren sollen hier vorgestellt werden; sie tragen einen hohen Anteil an den IPR-Verwicklungen rund um UMTS, da in den verschiedenen UMTS-Profilen verschiedene Kodierverfahren zur Anwendung kommen und gleichzeitig die Rückwärtskompatibilität zu den Systemen der zweiten Generation gegeben sein muss. Diese verschiedenen Standards sind durch eine hohe Anzahl von essentiellen Patenten geschützt.

4.4.1 FDMA - Frequency Division Multiple Access

FDMA basiert auf der Aufteilung eines gegebenen Frequenzbandes in viele Unterkanäle. Diese Technik könnte zwar prinzipiell auch bei digitalen Systemen verwendet werden, wird aber nur bei den analogen Mobilfunksystemen benutzt. Hier kommt Frequenzmodulation zur Anwendung, um die Signale über die Funkwellen zu übertragen. FDMA gilt aus zwei Gründen als nicht effizient:
-Jeder der analogen Kanäle kann nur durch eine Verbindung zur gleichen Zeit genutzt werden; die maximale "Breite" eines Kanals und die Gesamtanzahl der Kanäle ist jedoch durch physikalische Gegebenheiten begrenzt (Übersprechen zwischen Kanälen).
-Wenn keine Daten übertragen werden, etwa in Gesprächspausen bei der Telefonie, ist die Ressource trotzdem belegt.
Aus diesen Gründen wurde FDMA bei neueren Netzen durch digitale Kodierverfahren ersetzt, die jedoch teilweise auf dem Grundprinzip der Unterteilung der Frequenzen basieren.

4.4.2 TDMA - Time Division Multiple Access

Die maximal mögliche Teilnehmerzahl der deutschen D-Netze war ursprünglich auf jeweils vier Millionen Teilnehmer begrenzt. Neben der Verdichtung der Abdeckung mit Funkmasten und der damit einhergehenden Verkleinerung der Mobilfunkzellen wurde vor allem mit der TDMA-Technik eine höhere Anzahl von Kunden möglich.

Das digitale Kodierverfahren Time Division Multiple Access ermöglicht die mehrfache Nutzung eines Frequenzkanals durch die Unterteilung in Zeitschlitze; in einem Round-Robin-Verfahren nutzen verschiedene Teilnehmer hintereinander den Funkkanal.

Unter anderem wird TDMA in den GSM-Netzen verwendet. So können im GSM gleichzeitig acht Endgeräte eine Frequenz benutzen, indem jedes Gerät für eine Dauer von 577 Mikrosekunden sendet und dann den Kanal für die siebenfache Zeitdauer anderen Teilnehmern überläßt. Im "eigenen" Timeslot werden die Daten der vergangenen acht Perioden gesendet, wodurch die begrenzte Anzahl der Frequenzen besser genutzt wird.

Auch im D-AMPS-System, dem digitalen Nachfolger der im amerikanischen und pazifischen Raum verbreiteten AMPS-Systeme, wird das TDMA-Verfahren benutzt.

Ein Vorteil von TDMA ist die Kompatibilität zu anderen Verfahren: es lässt sich auf bestehende FDMA-Kodierungen aufsetzen, und TDMA-Netze lassen die Aufrüstung auf die Zwischentechnolo-

HPI Potsdam, www.hpi.uni-potsdam.de
Integrierter Wettbewerb für Softwaresysteme II:
Standards, Monopole, Patente
WS 2000/2001, Dipl.-Inform. Michael Strerath

gie EDGE zu. Doch der wichtigste Nachteil von FDMA bleibt: die Ressource ist auch in Pausen belegt, obwohl keine Daten übertragen werden. Hinzu kommt, dass die notwendige Synchronisierung zwischen den Geräten relativ aufwändig ist.

4.4.3 CDMA - Code Division Multiple Access

Unter den vorgestellten Verfahren zur mehrfachen Nutzung einer Frequenz ist CDMA bei weitem das komplexeste. Das Grundprinzip beruht darauf, dass zwischen Stationen übertragene Datenpakete mit einer Adress-Kennzeichnung versehen werden, die den jeweiligen Empfänger bestimmt. Dadurch wird die begrenzte Bandbreite immer optimal genutzt.

Während bei FDMA alle Sender zwar zur gleichen Zeit, jedoch auf verschiedenen Frequenzen senden und bei TDMA nur eine Frequenz zu unterschiedlichen Zeiten belegt wird, senden bei CDMA alle Sender gleichzeitig. Sender und Empfänger "erkennen" sich dadurch, dass das Nutzsignal mit einem für beide Seiten bekannten Signal, dem sogenannten Pseudorauschen (PN, Pseudo Noise), multipliziert wird. Weil das Pseudorauschen eine 100- bis 1000-mal höhere Frequenz hat als das Nutzsignal, kann aus dem vermischten empfangenen Signal beim Empfänger wieder das Nutzsignal gefiltert werden.
Verglichen wird diese Technik mit Gesprächen auf einer Party: obwohl zwei Gesprächspartner von weiteren lauten Gesprächen umgeben sind können sie sich gut unterhalten, da jeder die Stimme und Sprachcharakteristik des anderen kennt und diese aus dem "Umgebungsrauschen" ausfiltern kann.

CDMA bietet eine weit bessere Ausnutzung der Luftschnittstelle als alle anderen Verfahren. Ein weiterer Vorteil ist die einfachere Erweiterung der Netze: zusätzliche Masten können im gleichen Frequenzband arbeiten, wenn durch eine einfache Verringerung der Sendeleistung die Zellen verkleinert werden. Und weil die Geräte auf weit geringere Unterschiede im Frequenzband ausgelegt sind - das Prinzip besteht schließlich in der Nutzung des Rauschsignals - können weit geringere Abstrahlleistungen genutzt werden.
Der große Nachteil von CDMA sind die damit verbundenen Kosten: die CDMA-Technik in den Geräten ist etwa doppelt so teuer wie die in den bisherigen TDMA-Handys, und bei der Funktechnik der Netzbetreiber wird mit drei- bis viermal höheren Kosten gerechnet.

CDMA ist die Grundlage von fast allen Mobilfunkstandards der 3.Generation, so auch von UMTS und den amerikanischen Standards cdmaOne und cdma2000: 1999 legte die International Telecommunications Union CDMA als Industriestandard für die 3G-Systeme fest. Das CDMA-Verfahren wurde maßgeblich von Qualcomm entwickelt.

4.4.4 Auf CDMA aufbauende Verfahren

W-CDMA / Wideband-CDMA / FDD

Wideband Code Division Multiple Access / Frequency Division Duplex
W-CDMA basiert auf dem CDMA-Verfahren, das hier auf ein sehr breites Frequenzband angewandt wird. Insgesamt erhöht W-CDMA die Nutzungskapazität eines Frequenzbandes mindestens um den Faktor 10, so dass sich mehrere hundert UMTS-Kanäle gleichzeitig ein Frequenzband von fünf Megahertz teilen können.
WCDMA gehört ebenfalls zu den im IMT-2000 für UMTS festgelegten Übertragungsstandards. Diese Technologie wird vor allem beim Übergang von GSM zu UMTS in Europa eingesetzt werden und bietet gleichzeitig relativ hohe Bandbreiten bei großer Reichweite.

TD-CDMA / TDD
Time Division - Code Division Multiple Access / Time Division Duplex
Zusätzlich zu WCDMA soll im UMTS auch vor allem in Europa das TDD-Verfahren eingesetzt werden. Bei TD-CDMA wird das TDMA-Verfahren mit dem Codeorientierten CDMA verbunden. Dieses äußerst komplexe Technik wird vor allem in Profilen wie "High Multimedia" zum Einsatz kommen, also dann, wenn höchste Datenraten bei niedrigen Geschwindigkeiten der Endgeräte gefordert sind.

cdmaOne
cdmaOne wird heute in Nordamerika, Korea und Japan eingesetzt und basiert auf dem CDMA-Verfahren. In den Ländern, in denen cdmaOne eingesetzt wird, lassen sich die Netze auf den Breitband-Standard cdma2000 aufrüsten.

cdma2000
cdma2000 baut auf bestehenden cdmaOne-Netzen auf und erreicht erst durch Bündelung von drei Kanälen volle UMTS-Datenraten. Diese Technik ist in einigen Ländern besonders wegen der Abwärtskompatibilität zu cdmaOne interessant.

4.5 Übergangstechnologien

Zusammenfaßt werden die Migrationstechnologien zu 3G mit der Bezeichnung '2.5G'. Zwei bereits heute verfügbare Zugangstechnologien sind HSCSD (High Speed Circuit Switched Data) und GPRS (General Packet Radio Service), die von den Mobilfunkbetreibern 2001 in Deutschland eingeführt wurden.
Beide Technologien zielen auf den Bereich der Datenübertragung und basieren auf der GSM-Technik. Sie werden überwiegend durch Software-Updates der Basisstationen und Endgeräte mit neuen Funktionen realisiert. Der Geschwindigkeitsfaktor gegenüber GSM beträgt im Idealfall das zehn- bis zwanzigfache.
Neben der günstigen Erweiterung der bestehenden Netze bieten beide Techniken einen weiteren Vorteil: die Flächendeckung wird der heutigen GSM-Versorgung entsprechen.

4.5.1 HSCSD - High Speed Circuit Switched Data

Bei HSCSD wird eine Erhöhung der Datenrate durch die Bündelung von bis zu vier GSM-Kanälen erreicht - das Ergebnis sind bis zu 57,6 kBit/s, was analogen Modemverbindungen entspricht. Dazu ist seitens der Betreiber keine neue Hardware erforderlich; HSCSD kann durch Softwareupdates der Vermittlungen implementiert werden. Doch für die Nutzung sind neue Endgeräte notwendig. Highend-Telefone wie das Siemens S40 sowie Nokia 6210/6250 unterstützen diese Technik bereits; die Nutzung findet mit diesen Geräten in Verbindung mit PDAs oder angeschlossenen Notebooks statt.

Dabei ist der Stromverbrauch und die Wärmeentwicklung beim Handy immens, da gleichzeitig mehrere Verbindungen aufgebaut werden. Ein weiterer Nachteil ist die Leitungsvermittlung. Doch die Preisgestaltung der deutschen Anbieter ist interessant: HSCSD-Zugang wird in Deutschland zu normalen Gesprächspreisen bei einer nur 0,99 Euro höheren Grundgebühr angeboten.

4.5.2 GPRS - General Packet Radio Service

Im Gegensatz zu HSCSD arbeitet GPRS paketvermittelt, bietet also echte "always-on"-Funktionalität und den Betreibern "Ressource on demand". GPRS integriert IP und wird bei den Netzbetreibern ebenfalls als Erweiterung der GSM-Systeme realisiert.

Auch hier können mehrere GSM-Kanäle gebündelt werden; die Anzahl der Kanäle ist von der freien Netzkapazität und dem Endgerät abhängig. Typischerweise wird eine asymetrische Übertragung verwendet, die Handyhersteller haben "4+2"-Geräte angekündigt, mit denen bis zu vier Kanäle für den Download (53,6kBit/s) und zwei Kanäle für den Upload (26,8kBit/s) nutzbar sein werden. Technisch machbar wären Geschwindigkeiten bis zu 384kBit/s, was schon dem zweitschnellsten UMTS-Serviceprofil "Medium Multimedia" entspräche.

Es sind wie bei HSCSD neue Endgeräte erforderlich; das erste GPRS-fähige Telefon ist das Motorola Timeport 260. Im Gegensatz zu HSCSD ist GPRS jedoch erstaunlich teuer - D2-Vodafone berechnet (ohne zusätzliche Grundgebühr) 0,351 Euro je angefangene 10 kByte Daten zuzüglich 0,016 Euro je angefangener Stunde online. Beim einer voll ausgelasteten "3+1"-Verbindung, die im Downstream 40,2kBit/s und damit über 300kByte/Minute bietet, betragen die Kosten dann satte 11 Euro pro Minute; die Anzeige der HPI-Web-Einstiegsseite würde fast 1,80 Euro kosten.

Nach einer Anpassung der Tarife wird vor allem GPRS auch noch lange nach der Einführung von UMTS interessant sein. Dafür sprechen die hohe Verfügbarkeit, die der GSM-Abdeckung entspricht, das "always-online" und die Integration der IP-Plattform. Mit der Einführung von UMTS werden dann wegen der verbesserten Übertragungstechnik zwischen Mast und Endgerät vor allem schnellere Übertragungen möglich sein.

4.5.3 EDGE / E-GPRS - Enhanced Data Rates for GSM Evolution / Enhanced GPRS

EDGE ist eine weitere Möglichkeit, die Übertragungsraten mit der bestehenden Technik zu erhöhen. Das Verfahren ist eine Erweiterung von GPRS und bietet dieselben Vorteile; es soll mit den heutigen GSM-Frequenzen arbeiten und wie GPRS mehrere Kanäle bündeln. Der Unterschied zum 'normalen' GPRS ist eine verbesserte Kodierung der zu übertragenden Daten, wodurch pro Kanal statt 14,4kBit/s wie im herkömmlichen GSM 48kBit/s übertragen werden können - eine Verdreifachung der Nutzdatenrate bei gleicher Ressourcenbelegung. In Verbindung mit der Kanalkopplung werden Datenraten von 384kBit/s möglich.

EDGE stellt die Verbindung der bisherigen GSM-Technologie mit neuen Entwicklungen zur Kanalbündelung und modernen Kodierungsverfahren von UMTS dar. Zusätzliche Hard- und Software-Investitionen sowie ein leichter Ausbau der Basisstationen ermöglichen eine maximal etwa 40-fache Steigerung der GSM-Übertragungsrate. Mit dieser recht hohen Datenübertragungsgeschwindigkeit wird sich EDGE wie GPRS auch langfristig als Ergänzung zu UMTS eignen.

Zusätzlich wird EDGE auch langfristig das Portfolio derjenigen Betreiber erweitern, die nicht im Besitz von UMTS-Lizenzen sind - in Deutschland hat sich beispielsweise debitel aus den Versteigerungen der Frequenzen zurückgezogen. Die Erweiterung auf die EDGE-Technik bietet sich für jedes TDMA-basierte Funknetz an, zum Beispiel auch für das in den USA verbreitete AMPS.

4.5.4 WAP - Wireless Application Protocol

Mit WAP sind Online-Verbindungen ins Internet möglich, wobei jedoch nur speziell aufbereitete Internet-Seiten dargestellt werden können. Zum Einsatz kommt die Markup-Sprache WML, die Inhalte müssen also speziell aufbereitet werden. Die WML-Seiten werden von speziellen Servern bereitgestellt und können über besondere Gateways (diese stehen im Allgemeinen bei den Netzbetreibern) abgerufen werden.

Trotz einem mittlerweile recht umfangreichen Angebot dieser speziellen Seiten - beispielsweise werden Homebankingsysteme und Chats angeboten - ist das 1999 mit hohem Marketingaufwand eingeführte WAP nicht erfolgreich. Dies liegt zum Einen an den niedrigen Datenraten und hohen Gebühren, zum Anderen aber auch daran, dass die Nutzer offenbar auch normale Webseiten und -dienste nutzen wollen. Hinzu kommt ein grundlegendes Problem der verschiedenen Mobilfunk-Datendienste: die Eingabe auf einer winzigen Zehnertastatur und die Ausgabe auf einem wenige Quadratzentimeter großen Display kommt dem Nutzungskomfort nicht entgegen, es dauert den Leuten schlichtweg zu lange.

WAP könnte sich mit neuen Endgeräten trotzdem noch durchsetzen: die Nutzung von WAP ist auch über die neuen Systeme mit hohen Datenübertragungsraten möglich.

4.6 Geschwindigkeiten im UMTS

Die höchste mögliche Übertragungskapazität im UMTS ist mit 2MBit/s den GSM-Systemen um den Faktor 200 und einem ISDN-Kanal um Faktor 30 überlegen.

Die folgende Übersicht stellt einen Vergleich der mit verschiedenen Techniken möglichen Geschwindigkeiten und die für verschiedene Datenübertragungen erforderlichen Kapazitäten dar.

Übertragungstechnik	Geschwindigkeit	
GSM Datenübertragung	9.6	kBit/s
Analogmodem - Download maximal	56	kBit/s
Euro-ISDN - ein Kanal	64	kBit/s
Euro-ISDN - zwei Kanäle	128	kBit/s
T-DSL der Deutschen Telekom - Download	768	kBit/s
UMTS-Profil „High-Multimedia"	2000	kBit/s
Maximale Downloadrate über Kupferleitung - asymmetrisches DSL	8000	kBit/s
Datenanbindung der Universität Potsdam ans Internet - ATM OC3	155000	kBit/s

Typ des Dienstes / Art der zu übertragenden Daten	Kapazität	
Faxübertragung analog typisch	9.6	kBit/s
Sprachdienste im GSM	14.4	kBit/s
Sprachdienste in 3G-Netzen	16	kBit/s
Faxübertragung digital typisch	64	kBit/s
Audio nahe CD-Qualität - MP3-Kompression typisch	128	kBit/s
Video nahe Fernsehqualität - MPEG-Kompression typisch	1200	kBit/s
Audio in CD-Qualität - ohne Kompression	1400	kBit/s

Ein großer Vorteil von UMTS besteht darin, dass in Abhängigkeit von der Anwendung und der Verfügbarkeit verschiedene "Service-Profile" zum Einsatz kommen werden. Diese reichen von der Übertragung von Kurznachrichten mit 14.4kBit/s bis hin zum Profil mit der höchsten Bandbreite: "High Multimedia" mit 2000kBit/s. In Abhängigkeit vom Serviceprofil kann ein leitungs- oder paketvermittelnder Übertragungsmodus verwendet werden.

Hier eine Auflistung der für IMT-2000 vereinbarten Serviceprofile:

Dienst	Bandbreite	Übertragungsmodus
Simple Messaging	14.4 kBit/Sekunde	paketvermittelt
Switched Data	14.4 kBit/Sekunde	leitungsvermittelt
Voice	16 kBit/Sekunde	leitungsvermittelt
High Interactive Multimedia	128 kBit/Sekunde	leitungsvermittelt
Medium Multimedia	384 kBit/Sekunde	paketvermittelt
High Multimedia	2000 kBit/Sekunde	paketvermittelt

Allerdings sind die Serviceprofile mit hohen Datenraten nur mit Einschränkungen nutzbar: 2000kBit/s werden nur in eng begrenzten Gebieten, sog. Hotspots, verfügbar sein. Hinzu kommt, dass die maximale Bewegungsgeschwindigkeit des Nutzers dann nur 6km/h betragen darf.

HPI Potsdam, www.hpi.uni-potsdam.de
Integrierter Wettbewerb für Softwaresysteme II:
Standards, Monopole, Patente
WS 2000/2001, Dipl.-Inform. Michael Strerath

Für die Telefonie wird im UMTS nur eine Kapazität von 16 Kilobit/Sekunde bereitstehen. Die Sprachqualität wird aber wegen weit besserer Kodieralgorithmen als im GSM deutlich höher sein.

Wenigstens in Deutschland werden bei der Einführung von UMTS die tatsächlich verfügbaren Datenraten allerdings weit unter der technisch maximal machbaren Kapazität liegen. Die Anbieter werden zunächst nur Raten von maximal 384kBit/s anbieten - und diese auch nur für den quasistationären Betrieb.

4.7 Weitere Vorteile der 3G-Systeme

Außer den hohen Datenübertragungsraten sollen die 3G-Netze auch andere Einschränkungen der heutigen Systeme der zweiten Generation überwinden.

Weltweites Roaming
UMTS ist Bestandteil der Vision "IMT-2000". Es soll erstmalig einen einzigen weltweiten Standard in der Mobiltelefonie ermöglichen. Durch weltweit gleiche Frequenzen wird es dann möglich sein, auch außerhalb Europas mit dem eigenen Endgerät zu kommunizieren und Datendienste zu nutzen. Weiterhin werden UMTS-Endgeräte auch rückwärtskompatibel zu bestehenden Netzen sein (Multimode-Geräte) und damit auch die Nutzung etwa von heute aktiven Systemen in den USA und Asien ermöglichen. Multimode-Geräte werden auch notwendig sein, weil sich in den USA voraussichtlich der Funkstandard cdma2000, in Europa dagegen W-CDMA und TD-CDMA durchsetzen werden.

Nachrichtendienste
Ein Nachteil des Kurznachrichtendienstes SMS in den GSM-Netzen besteht in der Begrenzung auf 160 Nutzzeichen. Diese Beschränkung wird mit neuen Nachrichten- und Datendiensten in den Mobilfunksystemen der nächsten Generation überwunden.

5. Patente im strategischen Marketing

5.1 Rechtliche Grundlagen des Patentrechts am Beispiel des Deutschen Patentgesetzes

Das Patentgesetz (PatG) ist eingebettet in die Gesetze des gewerblichen Rechtsschutzes, es dient dem Schutz von Ergebnissen geistigen Schaffens auf gewerblichem Gebiet. Durch dieses Schutzgesetze soll die Entwicklung auf diesem Gebiet gefördert werden, denn es gewährt dem Inhaber der aus dem Gesetz resultierenden Schutzrechte absolute Verwertungsrechte für den Schutzrechtsgegenstand und Verbotsrechte gegenüber Dritten für einen im Gesetz festgelegten Zeitraum.

Erschwerend wirkt sich beim Patentrecht die Vielzahl von innerstaatlichen und zwischenstaatlichen Regelungen aus (EPÜ, PCT), die bestimmen, ob und in welchem Umfang Erfindungen patentrechtlich schützbar sind. So sind nach US-amerikanischen Patentrecht weitaus mehr Erfindungen patentierbar, als dies nach europäischem Recht möglich ist. Hinzu kommt, dass jedes Land über eine eigene Behörde zu Patenterteilung verfügt, es daneben aber auch eine europäische Instanz dafür gibt. Lange Behördenwege und die Einzelfallprüfung von Patentanträgen sind der Grund für die lange Zeit, die zwischen Anmeldung und Erteilung eines Patents verstreichen kann. Ab dem Zeitpunkt der Erteilung gilt das Patent maximal 20 Jahre.

Der Schutzrechtsgegenstand des Patentgesetzes ist die technische Erfindung, die als "Lehre zum technischen Handeln, mit der ein technisches Problem gelöst wird" (Ilzhöfer, S.20) bezeichnet wird und in Erzeugniserfindung (Aufbau einer Vorrichtung) und Verfahrenserfindung (Herstellungsverfahren) differenziert wird. Der Begriff der Technizität spielt hierbei eine große Rolle, ist sie doch dafür maßgeblich ob eine Erfindung durch das Patentgesetz schützbar ist. Die folgende Definition hat sich durchgesetzt: "Danach ist eine Lehre technisch, wenn sie sich zur Erreichung eines kausal übersehbaren Erfolges des Einsatzes beherrschbarer Naturkräfte außerhalb der menschlichen Verstandestätigkeit bedient; [...]" (Ilzhöfer, S.21). Diese Anforderung wird in zunehmendem Maße durch die US-amerikanische Praxis unterlaufen, welche mittlerweile auch Patente für Erfindungen erteilt, die nur am Rand mit Technik zu tun haben, beispielsweise "Business-Method-Patents", die lediglich bereits bekannte Geschäftsmodelle auf die Anwendung am Computer abbilden.

Also ist die erste Schutzrechtsvoraussetzung, dass es sich um bei dem Schutzgegenstand um eine technische Erfindung handelt, darüber hinaus muss diese neu sein (§ 3 PatG), auf einer erfinderischen Tätigkeit beruhen (§ 4 PatG) und gewerblich anwendbar sein (§ 5 PatG). Neu ist eine Erfindung dann, wenn sie nicht zum Stand der Technik gehört (vorveröffentlicht bzw. nicht vorveröffentlicht). Die erfinderische Tätigkeit liegt vor, "wenn sich die Erfindung für den Fachmann nicht in naheliegender Weise aus dem Stand der Technik ergibt" (Ilzhöfer, S.28), d.h. es können nur Erfindungen patentiert werden, die über bloße Weiterentwicklung bzw. normale Entwicklung hinausgehen. Eine Erfindung ist gewerblich anwendbar, wenn sie auf irgendeinem gewerblichen Gebiet genutzt werden kann.

Man unterscheidet bei Patenten Verfahrens- und Erzeugnispatente, die sich vor allem hinsichtlich der Benutzungshandlungen des Patentinhaber unterscheiden. Beim Erzeugnispatents sind diese durch Herstellen, Anbieten, Inverkehrbringen und Gebrauchen und beim Verfahrenspatent durch Anwenden des Verfahrens und Anbieten charakterisiert. Das Patent garantiert ein absolutes

HPI Potsdam, www.hpi.uni-potsdam.de
Integrierter Wettbewerb für Softwaresysteme II:
Standards, Monopole, Patente
WS 2000/2001, Dipl.-Inform. Michael Strerath

Schutzrecht, d.h. der Patentinhaber hat das Recht, die genannten Benutzungshandlungen durch Dritte zu verbieten und kann bei Missachtung Schadensersatzansprüche geltend machen. Diesem Umstand kommt auf internationaler Ebene besondere Bedeutung zu, denn die erwähnten Schutzrechte gelten nur in den Ländern, wo das Patent angemeldet wurde. Im allgemeinen handelt es sich bei diesen Ländern um den anvisierten Markt. Ungeachtet dessen kann der Patentinhaber Dritten die Benutzung des Patents erlauben: die Erteilung einer Lizenz. Der Ausgleich zwischen den Vertragspartnern kann über finanziellem Wege oder den Tausch von Lizenzen erfolgen.

Im Zusammenhang mit Patenten treten immer hohe Transaktionskosten auf, das sind Kosten für Patentanmeldung, die Arbeit der Patentanwälte und Prozesskosten. Deshalb werden Patente oftmals zu sogenannten Portfolios oder Pools zusammengefasst: ein Sortiment von Patenten, die inhaltlich zusammengehören und deshalb auch zusammen lizenziert werden. Dadurch werden Kosten gespart und dem Lizenznehmer höhere Sicherheit geboten.

5.2 Wettbewerbsstrategischer Nutzen von Patenten

Der wirtschaftliche Nutzen von Patenten ist sehr vielfältig, er kann finanzieller und wettbewerbsstrategischer Natur sein. Der finanzielle Nutzen ergibt sich aus Lizenzzahlungen, die Lizenznehmer aufgrund des geschlossenen Vertrages leisten bzw. als Schadensersatz zahlen müssen.

Der wettbewerbsstrategische Nutzen kann unterschieden werden in Angriffs-, Absicherungs-, Tausch- und Informationsfunktion. Unter der Angriffsfunktion versteht man die Anwendung sogenannter Blocking-Patente. Das sind Schlüsselpatente einer bestimmten Technologie, ohne die diese Technologie technisch nicht implementiert werden kann. Wird dieses Schlüsselpatent in Folge dessen genutzt, um konkurrierende Unternehmen durch Verweigerung der Lizenz zu blockieren, wird es zum Blocking-Patent. Dadurch kann ein Unternehmen in die Position gelangen, als einziges diese Technologie anbieten oder hohe Lizenzgebühren verlangen zu können.

Das Patent-Flooding kann sowohl Angriffs- als auch Verteidigungsfunktion haben. Patent-Flooding ist ein Vorgang, bei dem neben einem Schlüsselpatent auch mehrere Alternativtechnologien im Umfeld mitpatentiert werden. Dadurch wird nicht nur eine Technologie geschützt, sondern auch die Umwege um diese Technologie herum. Ein gewitzter Lizenznehmer könnte nämlich Geld sparen, wenn er eine Alternative entwickelt, statt teuer eine Lizenz zu erwerben. Andere Unternehmen kommen um eine Lizenzierung also nicht mehr herum.

Das Patent an sich hat schon absichernde Wirkung, es schützt das geistige Eigentum und die damit verbundenen Investitionen des Unternehmens, damit kann das Unternehmen die geschützte Technologie exklusiv nutzen und so einen Vorteil im Wettbewerb erlangen. Darüber hinaus haben Patente auch noch eine Informationsfunktion. Sobald ein Unternehmen ein Patent angemeldet hat, ist es der Öffentlichkeit zugänglich. Unternehmen können daran ablesen, wie der Wissensstand der Konkurrenz ist und ihre eigene daran Forschung anpassen.

Wie wichtig Patente im strategischen Marketing sind, zeigt das einleitende Beispiel "Ericsson vs. Qualcomm", hier hatten beide Unternehmen versucht, sich gegenseitig Patentverletzungen nachzuweisen. Wäre keine gütliche Einigung erzielt worden, hätte eines der beiden Unternehmen seine Patente als Blocking-Patente verwenden können, um später höhere Lizenzgebühren zu erzielen.

5.2.1 Cross-Licensing und Patent Pooling

Von besonderer Wichtigkeit für die nachfolgenden Betrachtungen ist die Tauschfunktion, realisiert durch Cross-Licensing. Beim Cross-Licensing tauschen zwei oder mehr Unternehmen gegenseitig Lizenzen aus, dabei kann unter Umständen auch Geld fließen, wenn die Portfolios unterschiedlich wertvoll sind. Diese Vereinbarungen können die wirtschaftliche Entwicklung eines Unternehmens fördern - durch Integrieren von Komplementärtechnologien, Verringern von Transaktionskosten, Beseitigen von Blockierungssituationen (durch Patent-Flooding und Blocking-Patente erzeugte Barrieren abbauen) und Vermeidung von kostenaufwendigen Patentverletzungsverfahren. So kann ein anstehendes Gerichtverfahren aufgrund einer Patentrechtsverletzung durch Cross-Licensing beigelegt werden (wie im Falle Qualcomm und Ericsson), wenn beide Unternehmen wichtige Patente besitzen.

Im allgemeinen ist unter folgenden Voraussetzungen ein Cross-Licensing zwischen zwei oder mehr Unternehmen möglich.

§ es wird eine längerfristige Zusammenarbeit angestrebt, z.B. in Form eines Joint Ventures oder einer Allianz
§ die beiden Unternehmen verfügen über Schlüssel-Patente dieser Branche und beide Unternehmen laufen permanent Gefahr, die Patente des Konkurrenten zu verletzen
§ Cross-Licensing soll als eine Art "Stillhalteabkommen" funktionieren, z.B. wenn Unternehmen verschiedener Branchen Lizenzen tauschen und sich so gegen den gegenseitigen Markteintritt absichern
§ es soll eine Schutzfunktion für die Unternehmen erfüllt werden, wenn sich ein kleines Unternehmen über den Lizenztausch Schutz vor einer größeren sichert oder sich durch eine größere gegenüber anderen kleinen Konkurrenten einen Wettbewerbsvorteil verschafft

Das Patent-Pooling wird vor allem im Zusammenhang mit Standardisierung genutzt. Ein Patent-Pool ist ein Portfolio von Patenten einer oder mehrerer Unternehmen, die in einem bestimmten Zusammenhang stehen. Besonders sinnvoll sind solche Pools, wenn viele Unternehmen über essentielle Patente für einen Standard verfügen und gleichzeitig das Interesse haben, dass so viele andere Unternehmen diese Patente leicht lizenzieren können. Der Lizenznehmer erwirbt dann mit einem Schlag alle Lizenzen aus dem Pool, anstatt mit jedem Patentinhaber einzeln verhandeln zu müssen.

Durch das Vorantreiben der Verbreitung der Technologie können Cross-Licensing und Patent-Pooling z.B. im Rahmen von Standardisierungsverhandlungen wettbewerbsfördernd wirken, wenn die genannten Effekte eintreten. Diese Wettbewerbsförderung wird allerdings ins Gegenteil verkehrt, wenn diese Vereinbarungen dazu benutzt werden, um Konkurrenten absichtlich bestimmte Schlüssel-Patente vorzuenthalten oder beim Patent-Pooling einfach Lizenzen zu verweigern und dadurch Unternehmen entweder vom Markt auszuschließen oder zu verdrängen, was durchaus im

Interesse der Lizenzgeber sein könnte. Daher kann auch gerichtlich geprüft werden, ob die getroffenen Vereinbarungen dazu geeignet sind, den Wettbewerb zu beschränken und dadurch Innovation zu verhindern. Nicht zuletzt deshalb sollten bei Standardisierungsverhandlungen immer Art. 81 und 82 des Europäisches Wettbewerbsrechts beachtet werden.

6. Entwicklung und Aufgaben der Standardisierungsgremien

6.1 Historische Entwicklung der Standards GSM und UMTS

Als den Betreibern der analogen Mobilfunknetze Anfang der 80er Jahre klar wurde, dass nationale Lösungen bei der Entwicklung der Mobilkommunikation langfristig vor allem hinsichtlich der enormen Forschungs- und Entwicklungskosten wirtschaftlich unsinnig wären, mussten die Größenvorteile einer weltweiten Markterschließung genutzt werden. Dieses Prinzip der Markterweiterung von lokalen innerstaatlichen Netzen auf immer größere ist eine der herausragensten Triebfedern der Schaffung neuer Standards in der Telekommunikation. Im folgenden soll kurz die spannende Entwicklung eines anfänglich europäischen Standards, GSM, exemplarisch nachvollziogen werden, denn die dabei gemachten Erfahrungen dienten als Grundlage für die Standardisierung von UMTS.

Im Jahre 1982 fanden sich die vornehmlich staatlichen Telekommunikationsgesellschaften von 26 europäischen Ländern in der "Conférence des Administrations Européennes des Postes et Télécommunications" (CEPT) zusammen, um sich auf ein Vorgehen für eine europaweite wirtschaftliche Zusammenarbeit in der Mobilfunkbranche zu verständigen. Zu diesem Zweck gründete CEPT die "Groupe Spécial Mobile" (GSM) mit dem Ziel, Spezifikationen für ein europaweites Mobilkommunikationsnetz festzulegen, über das in ganz Europa Millionen Mobilfunkteilnehmer telefonieren können.

Aufgrund erheblichen technischen, wirtschaftlichen und logistischen Problemen dieser Standardsetzung war die Bündelung der Aufgaben und Kompetenzen in der GSM ein wichtiger, visionärer Schritt, denn bereits 1986 wurde deutlich, dass der Bedarf an Mobilkommunikation sogar die optimistischsten Prognosen übertreffen würde. Auf Druck aus Frankreich und Deutschland erörterte die Europäische Kommission die Situation auf einer Sitzung im Dezember 1986. Das Ergebnis war eine Empfehlung und eine Direktive, in der die Mitgliedsstaaten das politische Fundament für die GSM-Entwicklung legten. In der Empfehlung wurde die koordinierte Einführung des neuen Mobilfunkstandards "Global System for Mobile Communication" (ebenfalls GSM) festgelegt sowie die Eckdaten für die Verfügbarkeit des Netzes gesetzt. Darüber hinaus sollte jeder Mitgliedsstaat den für die Realisierung des Netzes erforderlichen Frequenzbereich kostenfrei bereitstellen.

Erfreulicherweise erhielt das GSM-Projekt starken Auftrieb, als die Verantwortung für die Spezifikationsentwicklung 1989 vom ständigen GSM-Ausschuss auf das neu gegründete European Telekommunication Standards Insitute (ETSI) überging. Das ETSI billigte den Genehmigungsbehörden, Netzbetreibern und vor allem Herstellern denselben Status zu, was einen erheblichen Einfluss auf die Geschwindigkeit der Entwicklung hatte. Das kooperative Arbeitsumfeld und bessere Ressourcen führten dazu, dass der Großteil der GSM-900-Spezifikationen der ersten Phase 1990 veröffentlicht werden konnte.

Nach erfolgreichen Tests (u.a. auf der ITU-Messe Telecom 1991 in Genf) war die Nachfrage nach GSM nicht mehr aufzuhalten. Offiziell wurde GSM ab 1992 eingeführt. Zu diesem Zeitpunkt kamen immer mehr Endgeräte auf den Markt, so dass die ersten kommerziellen Netzdienste entstanden. Zu den Vorreitern gehörten Dänemark, Finnland, Frankreich, Deutschland, Italien, Portugal und Schweden. Am 17. Juni 1992 wurde das erste Roaming-Abkommen zwischen der Telecom Finnland und Vodafone aus Großbritannien unterzeichnet. Die Vision eines europaweiten Netzes wurde Realität.

Dank der Visionen und Bemühungen der GSM-Pioniere hat die Technik nicht nur eine dominierende Position auf dem zellularen Weltmarkt erreicht, sondern ist auch Schlüsselfaktor für die Realisierung der Mobilkommunikation der dritten Generation. Die Idee für den Mobilfunk der dritten Generation (3G) entwickelte sich Ende der 80er, Anfang der 90er Jahre. Schon als die ersten Systeme der zweiten Generation (2G) aufgebaut wurden, dachte man über ein breitbandiges Telekommunikationssystem nach, das nicht nur länderübergreifend, sondern weltweit einsatzfähig sein sollte.

Die International Telecommunications Union (ITU) taufte das neue System auf den Namen IMT-2000; innerhalb Europas erhielt es die Bezeichnung Universal Telecommunication System (UMTS). IMT-2000 beschreibt die Anforderungen, die ein System erfüllen muss, um der Familie der 3G-Systeme anzugehören. ITU-R (International Telecommunications Union-Radio) definiert eine Technologie allgemein als 3G, wenn diese dem Massenmarkt Sprach- und breitbandige Multimediadienste anbietet.

Zunächst konzentrierte sich die Standardisierung auf die Funkschnittstelle, wobei unterschiedliche Interessen zwischen Europa, Japan und USA zu harmonisieren waren. Da diese Harmonisierung wegen der Unterschiedlichkeit der 2G-Systeme nicht vollständig gelang, wird nicht ein weltweit einheitlicher Standard, sondern die 3G-Systemfamilie entstehen.

Die ITU versucht seit 1998 möglichst viele Vorschläge für IMT-2000 zu berücksichtigen und zusammenzuführen. Im Mai 1999 blieben davon zwei Normen übrig, erstens der cdma2000-Standard und zweitens Wideband Code Division Multiple Access (WCDMA). Letzterer unterteilt sich in die Varianten WCDMA - Frequency Divison Duplex (WCDMA-FDD) und WCDMA - Time Divison Duplex (WCDMA-TDD). Von diesen drei Standards haben im Moment nur zwei Bedeutung, cdma2000 und WCDMA-FDD. WCDMA-FDD wird in Japan und Europa und cdma2000 auf dem US-amerikanischen Markt eingesetzt.

Der Grund für die kontinentalen Unterschiede liegt in der Architektur der bestehenden Mobilfunknetze. So eignet sich z.B. WCDMA am besten, um eine GSM-Infrastruktur in ein UMTS-Netz zu verwandeln. Auf diese Weise können etablierte Netzbetreiber (egal ob in Europa, Asien oder Nordamerika) ihre bestehenden Basisstationen weiter nutzen und rüsten diese lediglich mit den UMTS-Komponenten nach. Anders in Amerika: Hier gibt es nur wenige GSM-Netze, so dass cdma2000 zum Einsatz kommen wird, das rückwärtskompatibel zu den dort bestehenden Netzen ist.

Ein wesentliches Ziel von IMT-2000 war, einen einzigen weltweiten Mobilfunkstandard zu schaffen. IMT-2000 sollte den Streit der Hauptakteure um den zukünftigen Mobilfunkstandard (so wie es bei den 2G-Technologien GSM, D-AMPS, cdmaOne usw. geschah) beenden. Wie oben dargelegt, ist zwar der Standard im Vergleich zur zweiten Generation besser harmonisiert, jedoch werden mehrere Technologien zum Einsatz kommen. Mit einer höheren Komplexität der Endgeräte, die für einen weltweiten Einsatz mehrere Standards beherrschen müssen, ist das Scheitern der vollständigen Harmonisierung zu bezahlen.

Folgende Probleme müssen alle 3G-Technologien lösen: Da die Einrichtung eines Mobilfunknetzes aufwändig ist und sich die Paketdatendienste erst noch durchsetzen müssen, werden die 3G-Netze in den meisten Ländern über längere Zeit nur Industrie- und Ballungsgebiete abdecken. Auf der anderen Seite sind die Endnutzer an eine landesweite Abdeckung gewöhnt und werden diesen Komfort nicht im Tausch gegen Geräte der dritten Generation mit einer reduzierten Mobilität aufgeben, selbst wenn diese Multimedia-Dienste anbieten. Die einzige Lösung für dieses Problem der Netzabdeckung besteht in der Interoperabilität zwischen Netzen der zweiten und dritten Generation. Echte 3G-Dienste, die die gesamte Leistung der neuen Funkschnittstelle ausschöpfen, werden nur im Bereich der 3G-Netzabdeckung zur Verfügung stehen. In den anderen Gebieten werden weiterhin 2G-basierte Dienste bereitgestellt.

Die Grundlagenforschung zur 3. Generation begann 1988 mit dem RACE I-Programm (Research of Advanced Communication Technologies in Europe) und dem anschließenden RACE II-Programm. Ergebnis von RACE II war die Entwicklung einer wirklichkeitsgetreuen Testumgebung sowie von auf Time Division Multiple Access (TDMA) basierenden Luftschnittstellen in den Jahren von 1992 bis 1995.

Ende 1995 wurde das europäische Forschungsprogramm ACTS (Advanced Commuication Technologies and Services) aus der Taufe gehoben, um die F&E-Projekte im Bereich der Mobilkommunikation weiter voranzutreiben. Im Rahmen von ACTS wurde das FRAMES-Projekt (Future Radio Wideband Multiple Access System) ins Leben gerufen, mit dem Ziel, einen Entwurf für ein breitbandiges Funkzugangs-System zu umreißen. An FRAMES waren große Industrieunternehmen wie Nokia, Siemens, Ericsson, France Télécom und CSEM/Pro Telecom, aber auch zahlreiche europäische Universitäten beteiligt.

Zunächst wurden in FRAMES zwei Codierungsverfahren festgelegt, die auf Wideband Time Division Multiple Access (WTDMA) bzw. auf Wideband Code Division Multiple Access (WCDMA) basierten. Im Laufes des Jahres 1996 bis Anfang 1997 wurden diese beiden Verfahren und Entwürfe für die terrestrische UMTS-Luftschnittstelle der ETSI als Vorschlag für die Realisierung von UMTS und zur Einreichung für die ITU IMT-2000 unterbreitet.

Im Vorfeld der Entscheidungsfindung (Juni 1997) ging es vor allem darum, die Vor- bzw. Nachteile der unterschiedlichen Lösungsvorschläge zu analysieren. Grundsätzlich erfüllten all diese Technologien die 3G-Anforderungen, dennoch wurde im Auswahlverfahren schon bald deutlich, dass WCDMA und WTDMA die Hauptkandidaten waren. Dabei spielte insbesondere die globale Perspektive - d.h. u.a. die Entscheidung der japanischen ARIB - eine ausschlaggebende Rolle.

Die endgültige ETSI-Entscheidung vom Januar 1998 stellt letztlich einen Kompromiss zwischen den beiden Technologien dar: WCDMA wurde als Standard für die UMTS-Luftschnittstelle gewählt, und zwar auf dem gepaarten Frequenzband, z.B. im FDD-Betrieb, bei dem Mobil- und Basisstation in weit auseinander liegenden Frequenzbändern senden. WTDMA wurde für den Betrieb im ungepaarten Band (TDD-Betrieb) ausgewählt.

Die japanische NTT DoCoMo, der größte japanische Mobilfunkbetreiber, trug entscheidend zum Zustandekommen dieser Lösung bei. Das Unternehmen stimmte in letzter Minute einem Hybridvorschlag zu, der neben der WCDMA-Technologie bei eingeschränkter Mobilität und kurzen Über-

HPI Potsdam, www.hpi.uni-potsdam.de
Integrierter Wettbewerb für Softwaresysteme II:
Standards, Monopole, Patente
WS 2000/2001, Dipl.-Inform. Michael Strerath

tragungswegen auch bestimmte Kernelemente des WTDMA-Verfahrens integriert. Das Wichtigste war, dass die Kompatibilität des IMT-2000-Standards mit den künftigen japanischen Systemen gewährleistet blieb. Die japanischen Betreiber hatten sich bereits für eine vom Nokia/Ericsson-Vorschlag nur leicht abweichende WCDMA-Variante entschieden.

Die detaillierte Standardisierung von WCDMA wurde in der ETSI weiter fortgesetzt und anschließend, Anfang 1999, an das neu gegründete 3GPP (3rd Generation Partnership Program) übergeben. Am 17. Dezember 1999 schließlich wurde der UMTS "Release 1999" in Anwesenheit von über 400 der weltweit führenden Mobilkommunikations-Experten mit seinen Spezifikationen durch das 3GPP "eingefroren". Die Spezifikationen dieses "Release 1999" decken mehr als 50 Dienste ab (im FDD- und im TDD-Betrieb), darunter Sprachkodecs, Betrieb und Wartung und Testspezifikationen.

6.2 Rolle der ETSI bei der Standardisierung von UMTS

Dem European Telecommunication Standards Institute (ETSI) kommt bei der Standardisierung von GSM und UMTS eine besondere Rolle als Vermittler zwischen den verschiedenen Interessenparteien zu. Das ETSI ist eine nicht gewinnorientierte Organisation, deren Mission es ist, Telekommunikationsstandards zu schaffen, die auf Jahre in Europa und darüber hinaus weltweit Gültigkeit haben sollen.

Der Sitz dieses Instituts befindet sich in Sophia Antipolis, Frankreich, es hat derzeit über 850 Mitglieder aus mehr als 50 Staaten. Die Mitgliederzahl setzt sich vor allem aus Verwaltungen, Netzwerkbetreibern, Herstellern, Diensteanbietern und Forschungseinrichtungen zusammen. Jede Europäische Organisation oder Firma, die ein begründetes Interesse an Telekommunikationsstandards hat, hat das Recht, dieses Interesse im ETSI zu vertreten und so den Standardisierungsprozess aktiv zu beeinflussen. Durch diese Involvierung von Vertretern der Industrie gelingt es, Standards zu schaffen, die eng an den Bedürfnissen des Marktes orientiert sind. Für alle Standards gilt allerdings das Prinzip der Freiwilligkeit, die ausgearbeiteten Standards haben keinen bindenden Charakter, es sei denn sie werden von der Europäischen Kommission als Basis für Empfehlungen herangezogen.

Da diejenigen, die diese Standards wünschen und spezifizieren, auch gleichzeitig die sind, die sie später anwenden, haben die Standards praktisch anwendbaren Charakter: es entstehen De-Facto-Standards. Die Arbeit des ETSI ist geprägt durch Arbeitsgruppen, die sich speziell mit einem genau abgegrenzten Thema beschäftigen und so viele Entscheidungen wie möglich intern treffen sollen. Bei ihrer Arbeit werden die Experten in den Arbeitsgruppen von horizontalen Strukturen (Service-Zentren) der ETSI unterstützt.

Eines der Ziele des ETSI ist die Führerschaft bei der Standardisierung von Mobilkommunikation und Funk zu behalten und weiter auszubauen. Zu diesem Zweck realisiert ETSI sogenannte Partnerschaftsprojekte, die als gemeinsame Projekte mit anderen Standardisierungsgremien realisiert werden. Diese dienen als effizientes Mittel für die globale Anwendung von gefassten Standards.

Prominentestes Bespiel dafür ist Third Generation Partnership Program (3GPP).

Ein wichtige Aufgabe von Standardisierungsgremien und damit auch des ETSI ist die Bereitstellung eines rechtlichen Rahmen zum Umgang mit eigenen und fremden Patenten. Dazu stellt das ETSI seine Intellectual-Property-Rights-Policy (IPR-Policy) bereit, die alle aktiven Mitglieder akzeptieren müssen, wenn sie in den Gremien des ETSI mitarbeiten wollen. Es ist hierbei die Interessen von Patentinhabern und die Notwendigkeiten einer offenen Standardisierung abzuwägen.

Die Ziele der IPR-Policy sind
(1) das Risiko für ETSI Mitglieder zu reduzieren, dass bereits getätigte Investitionen für Vorbereitung und Anwendung von Standards verschwendet sein könnten, wenn essentielle Patente nicht verfügbar wären
(2) die Patentinhaber angemessen und fair für die Benutzung ihrer Patente entschädigt werden sollen
(3) den potentiellen Nutzern die Anwendung von technischen Spezifikationen und Standards zu ermöglichen (ETSI IPR-Policy, Art. 3)

Der Begriff "essentielles Patent" ist in diesem Zusammenhang sehr wichtig und ist vom ETSI folgendermaßen definiert worden: "'ESSENTIAL' as applied to IPR means that it is not possible on technical (but not commercial) grounds, taking into account normal technical practice and the state of the art generally available at the time of standardization, to make, sell, lease, otherwise dispose of, repair, use or operate EQUIPMENT or METHODS which comply with a STANDARD without infringing that IPR." (ETSI IPR FAQ).

Es ist festgelegt, dass sich alle Mitglieder bemühen sollten, das ETSI rechtzeitig über essentielle Patente, deren sie während der Standardisierung gewahr werden, zu informieren. Das ESTI fragt dann bei dem Mitglied an, seine Einwilligung zu geben, dieses Patent zu fairen, vernünftigen und nicht-diskriminierenden Bedingungen zu lizenzieren. Interessanterweise finden sich in der IPR-Policy keine eindeutigen Hinweisen auf eventuelle Strafen, wenn Unternehmen sich weigern Lizenzen zu erteilen.

Darüber hinaus liegt es in der Verantwortung eines jeden Unternehmens, Lizenzvereinbarungen auf bilateraler Ebene zu führen. Das ETSI gibt keine Richtlinien für solche Verhandlungen vor. Allerdings wird in Zusammenhang mit Art. 7.2 der ETSI IPR Policy den Mitgliedern ein Service angeboten, durch den sich Informationen über essentielle Patente beschaffen lassen. Dieser Service besteht in der Veröffentlichung des ETSI Special Report SR 999 314 und der Bereitstellung der ETSI IPR Datenbank. Soweit dann nicht anders im Report oder in der Datenbank vermerkt, haben alle dort aufgelisteten Unternehmen zugestimmt, ihre Patent nach Art. 6.1 ETSI IPR-Policy (faire und nicht-diskriminierende Bedingungen) zu lizenzieren.

6.3 3GPP als Schlüssel zu UMTS

Die entscheidende Rolle bei der Standardisierung von UMTS kommt dem Third Generation Partnership Project (3GPP) zu. Es stellt eine globale Standardisierungsinitiative dar, gegründet 1998.

Seine Aufgabe ist es, eine kompletten Satz technischer Spezifikation für Mobilfunknetze der dritten Generation, basierend auf vorhandener GSM-Technologie und eine neue WCDMA benutzende Funkschnittstelle Universal Terrestrial Radio Access (UTRA) zu entwickeln.

Das 3GPP ist auf Initiative des ETSI gegründet worden, mit dem Ziel, die Zusammenarbeit der regionalen Standardisierungsorganisationen, der Industrie und anderer Interessengruppen zu verbessern. Die maßgebliche Mitglieder des 3GPP sind die Standardisierungsgremien der bedeutendsten Märkte, Japan: Association of Radio Industries and Businesses (ARIB) und Telecommunicaton Technology Committee (TTC), China: China Wireless Telecommunications Standards Institute (CWTS), Europa: European Telecommunication Standards Institute (ETSI), USA: Committee T1 und Korea: Telecommunications Technology Association (TTA). Diese werden im Kontext als "Organizational Partners" bezeichnet. Darüber hinaus sind noch einige sog. "Market Representation Partners", wie das UMTS-Forum und die GSM-Association, Mitglied. Dadurch werden auch alle Mitglieder dieser Gremien Mitglied im 3GPP.

Die Technologien, die durch das 3GPP spezifiziert werden, erfüllen die Anforderungen der IMT-2000 Familie. Als ein Mitglied der IMT-2000 Familie wird eine Technologie spezifiziert, die globales Roaming unter Benutzung einer breiten Auswahl von mobilen Terminals und die Interoperabilität mit vorhandenen Netzen und anderen 3G-Technologien erlaubt. Besonders die Interoperabilität mit vorhandenen Netzen ist wichtig hinsichtlich der enormen Investitionen, die in die bereits existierenden Netze geflossen sind; schließlich ist z.B. GSM das zur Zeit erfolgreichste Netz weltweit mit mehr als 400 Millionen Nutzern in über 160 Ländern.

Die Arbeit innerhalb des 3GPP ist in Arbeitsgruppen aufgeteilt, die sich jeweils mit einem Thema beschäftigen, jeder Support für die Gruppen wird von den Partnern selbst bereitgestellt. Hauptaufgabe des 3GPP ist es, technische Spezifikationen zu allen essentiellen Bestandteilen der künftigen 3G Netze vorzubereiten: Eigenschaften des Kernnetzes (welches das GSM-Netz weiterentwickeln soll), mobile Terminals für den Zugang zum Netz und weitere System- und Serviceaspekte. Dabei soll immer globales Roaming und hohe Mobilität der Benutzer beachtet werden.

Dabei hat das 3GPP keine rechtlichen Status, daraus folgt, dass die geschaffenen Spezifikationen und Reports (inklusive Copyright) gemeinschaftliches Eigentum der Partner sind. Außerdem müssen die Spezifikationen durch die Partner noch in offizielle Standards umgesetzt werden. Deshalb sind auch keine Lizenzgebühren direkt an die 3GPP zu zahlen, wenn Firmen ein Produkt implementieren, dass auf 3GPP-Spezifikationen beruht.

Die einzelnen Mitglieder sind an die Politik hinsichtlich der Rechte an geistigem Eigentum (im folgenden IPR-Policy) ihres jeweiligen Standardisierungsgremiums gebunden. Im 3GPP-Vertrag wurde festgelegt, dass die sogenannten "Organizational Partners", gegenseitig die jeweilige IPR-Policy respektieren. Und das alle Mitglieder aufgefordert sind, ihre Bereitschaft Lizenzen zu fairen vernünftigen Bedingungen und auf nicht diskriminierender Basis zu gewähren (Art. 3.1 im 3GPP-Vertrag entspricht im wesentlichen der IPR-Policy des ETSI, Art. 6.1). Des weiteren ist in Artikel 55 der "Technical Working Procedures" der 3GPP festgelegt, dass alle Mitglieder zum frühesten Zeitpunkt Patente, von denen sie glauben, dass sie von essentieller oder potentieller essentieller Natur sein könnten, den Arbeitsgruppen in der 3GPP mitzuteilen haben (3GPP FAQ).

Folgende vier Regeln sind daneben aufgestellt worden:

1. Die Mitglieder sollen ihre Bereitschaft erklären, Lizenzen zu fairen, vernünftigen Bedingungen und auf nicht-diskriminierender Basis im Einklang mit der IPR-Policy des jeweiligen "Organizational Partners" zu erteilen.
2. Dass, sofern Mitglieder über (potentiell) essentielle Patente verfügen, aber nicht bereit sind diese zu lizenzieren, dieses umgehend ihrem jeweiligen Gremium mitteilen.
3. Dass essentielle Patente solche sind, die im Zusammenhang mit einigen oder allen Teilen der 3GGP Spezifikationen stehen.
4. Dass Information über Patente allen "Organizational Partners" für die anschließende Standardgestaltung zur Verfügung stehen (3GPP Working Procedures).

Das übliche Vorgehen bei der Lizenzierung von patentierter (essentieller) Technologie ist, dass sich jede Firma um die Lizenzen bei dem jeweiligen Patentinhaber direkt bemühen sollte. Dieses Vorgehen ändert sich auch bei der Implementation von 3GPP Spezifikationen nicht: "That is to say that each individual company should seek a license from a patent holder who is bound by the obligations of the IPR policy of its respective Organizational Partner." (3GPP FAQ).

Eine sicherlich bedeutende Neuerung hinsichtlich der Lizenzierung gibt es allerdings. Am Rande des Standardisierungsprozess sind einige der großen Telekommunikationsfirmen übereingekommen, eine freiwillige Vereinbarung über das Lizenzieren von essentiellen Patenten zu treffen, die notwendig sind, um die Standards der 3G-Technologie zu erfüllen. Diese Aufgabe, Patente zu evaluieren und zu verwalten soll eine neu zu gründende Firma übernehmen, die durch das Third Generation Patent Platform Partnership (3G3P) geschaffen werden soll.

HPI Potsdam, www.hpi.uni-potsdam.de
Integrierter Wettbewerb für Softwaresysteme II:
Standards, Monopole, Patente
WS 2000/2001, Dipl.-Inform. Michael Strerath

7. Lizenzierung von 3G-Technologien

7.1 Situation bei GSM und die Lehren daraus

Während der Spezifikation und Standardisierung von GSM einigten sich die involvierten Parteien nicht auf einen einheitlichen "modus operandi" hinsichtlich des gegenseitigen Lizenzerwerbs. Das typische Vorgehen war es, selbst zu prüfen, welche Patente jetzt wirklich essentiell im Hinblick auf die zu implementierende Technologie waren, wer diese besaß und dann mit dem jedem Patenthalter einzeln Lizenzverträge zu schließen. Wie man sich leicht vorstellen kann, entstehen dabei hohe Transaktionskosten für beide Seiten. Aber vor allem für die Lizenznehmer brachte dieses Vorgehen beträchtliche Nachteile, auf der Website der 3G Patents Ltd. steht dazu: "there was a lot of poker and bluffing taking place".

Es gab Unsicherheit hinsichtlich folgender Punkte:

§ Auch wirklich eine Lizenz eines essentiellen Patentes erworben zu haben, und dabei nicht übervorteilt worden zu sein
§ Unter der Vielzahl von Patenten die essentiellen herauszufinden
§ wirklich von allen essentiellen Patente Lizenzen erworben zu haben und somit vor Verletzungsklagen sicher zu sein.
§ Hinsichtlich der geographischen Gültigkeit der erworbenen Lizenzen
§ Die termingerechte Verfügbarkeit von Lizenzen

Aufgrund dieser Unsicherheiten und der hohen Markteintrittskosten war es vielen Firmen nicht möglich am GSM-Markt teilzunehmen. Vor allem Firmen ohne entsprechendes Patentportfolio waren häufig nicht in der Lage, vernünftige Konditionen auszuhandeln. Ohne Patente konnten diese sich auch nicht über den Weg von Cross-Licensing Vereinbarungen einigen. Hinzu kommt, dass im Mobilkommunikationsmarkt die "time-to-market" von entscheidender Bedeutung ist und die zeitraubenden Lizenzverhandlungen zu Verzögerungen beim Markteintritt führten. Die Folge all dessen war, dass sich die Firmen, die bereits in starkem Maße über essentielle Patente verfügten (für GSM waren es ungefähr 20 Firmen), den Markt unter sich aufteilen konnten, weil sie in der besten Verhandlungsposition waren.

Ähnliches wurde auch für UMTS befürchtet, nur dass sich jetzt die Situation noch verschärfte, da nunmehr ungefähr 100 Firmen essentielle Patente besitzen. 1997 und 1998 gab es daher viel Unsicherheit innerhalb der Standardisierungsgremien, ob und zu welchem Preis die entsprechenden Firmen ihre Technologie verfügbar machen würden. Wenn UMTS ein Erfolg kommerzieller werden sollte, so musste sich etwas an dem System der Lizenzierung ändern oder die Technologieentwicklung wäre für die Firmen noch teurer und zeitaufwendiger als bei GSM.

Die Probleme bei der Lizenzierung betreffen unmittelbar nur die Technologiehersteller, doch mittelbar auch die Netzbetreiber. Denn die hohen Investitionen in die Patente werden über den Verkauf von Netztechnologie zu höheren Preisen an die Netzbetreiber weitergeleitet. Und dies in einer Situation, wo viele Netzbetreiber Milliarden Euro für den Erwerb der Sendefrequenzen ausgegeben haben und die Aktienwerte dieser Firmen fallen. Diese enormen Kosten könnten dazu führen, dass sich die Einführung von UMTS und Investitionen nur zögerlich getätigt werden. Wenn also die Kosten für Lizenzen gesenkt werden können, würde auch UMTS insgesamt für alle Beteiligte attraktiver und könnte früher auf dem Markt eingeführt werden.

7.2 Schaffung und Aufgaben der 3G Patent Platform

Die Definition der Third Generation Patent Platform wurde von Februar 1998 bis Juni 1999 von der UMTS IPR Working Group betrieben. Den Kern dieser Working Group bildete die UMTS Intellectual Property Association (UIAP), die 41 Mitglieder aller namhaften Technologiehersteller hatte. Durch sie wurden folgende Funktionen und Serviceleistungen der 3G Patent Platform definiert: Evaluieren, Zertifizieren und Lizenzieren von essentiellen Patenten für die 3G Mobilkommunikation.

Das Third Generation Patent Platform Partnership (3G3P) wurde mit dem Ziel gegründet, die Vorbereitung und Finanzierung der Firma 3G Patents Ltd. voranzutreiben, der Firma, die 3G Patent Platform implementieren sollte. 19 Partner (Hersteller und Betreiber) und zwei sog. "Associates" (GSM Association und European Telecommunications Network Operators, ETNO) sind Mitglied im 3G3P. Sobald die 3G Patents Ltd. ihre Arbeit aufnehmen kann, wird die 3G3P aufgelöst. Dieser Zeitpunkt ist erreicht, wenn die führenden Wettbewerbshüter, die Europäische Kommission und das US Department of Justice, grünes Licht gegeben haben (die Japanese Fair Trade Commsion hat bereits im Dezember 2000 den pro-kompetitiven Charakter der 3G Patents Platform festgestellt).

Hervorzuheben zu diesem Zeitpunkt ist, neben der verwirrenden Vielzahl ähnlicher Namen, die Tatsache, dass die Initiative zur Schaffung der 3G Patents Platform auf die Industrie selbst zurückging. Offensichtlich hat man aus den Problemen von GSM gelernt und erkannt, dass es für alle Beteiligten von Vorteil ist, eine zentrale Instanz zu schaffen, die die vielen Portfolios essentieller Patente nach einheitlichen Maßstab verwaltet. Die Idee war eine Firma zu schaffen, an die sich alle Patentinhaber und Lizenznehmer wenden können und die ihnen viel Arbeit und Transaktionskosten spart.

Ziele der 3G Patent Platform sind es

1. die 3G-Technologie (notwendige essentielle Patente) erschwinglicher und damit das 3G-Geschäft attraktiver zu machen
2. das Wachstum des 3G-Marktes zu beschleunigen, indem die dafür notwendige Technologie zu attraktiven Konditionen, zeitgenau und flexibel angeboten wird
3. die wettbewerbsschädigenden, komplexen und zeitraubenden Fallgruben der bisher üblichen Lizenzierung (u.a. bei GSM) zu vermeiden

Zur Verwirklichung dieser Ziele ist die Arbeit der 3G Patent Platform im wesentlichen in zwei eigenständige Teilbereiche gegliedert, die Verwaltung der Patente (Annahme der Patente zur Evaluation, Anlaufstelle für zukünftige Lizenznehmer, Berechnung der Lizenzzahlungen) und die eigentliche Evaluation der Patente hinsichtlich der Essentialität. Beide Aufgaben sollen durch neutrale, externe Firmen erfüllt werden. Vor allem für letztere kommt ein geographisch verteiltes Netzes von

Patentexperten (Ingenieure und Anwälte) zum Einsatz, die nach einem von der 3G Patent Platform vorgegebenen, einheitlichem Schema arbeiten. Von besonderer Wichtigkeit ist es, hohe Qualitäts-maßstäbe hinsichtlich der Evaluation einzuhalten, so dass die Firmen der Arbeit der 3G Patents Platform vertrauen können, denn die Entscheidung, ob ein Patent essentiell ist oder nicht, kann weitreichende Folgen haben.

Um die Unabhängigkeit der 3G Patents Platform zu gewährleisten, gehört die Firma 3G Patents Ltd. niemandem allein, der damit Druck auf den Evaluationsprozess ausüben könnte, sondern allen Firmen, die sich entweder als Patenthalter oder Lizenzempfänger an sie wenden. Die Rechtsform "Private Limited Company", die der deutschen GmbH noch am ehesten vergleichbar ist, erlaubt, dass jede betroffenen Firma einen Anteil an der 3G Patents Ltd. zu 1 Britischen Pfund erwerben kann.

Dank seines Standard Licence Agreements spart die Platform Patenthaltern und Lizenznehmern Geld und Zeit, die sonst jedes Mal für einzelne Verhandlungen der Parteien aufgebracht werden müssten und erleichtert so die Nutzung von Patenten durch die Hersteller. Das hat nicht nur Vor-teile für die schon am Markt etablierten Hersteller, sondern auch für diejenigen, die erst in Zukunft beabsichtigen dem Markt beizutreten. Indem Marktzutrittschranken abgebaut werden, wird auch der Wettbewerb gefördert.

Das Standard Licence Agreement ist von herausragender Bedeutung für die 3G Patents Platform. Durch die Platform sind vier Produktkategorien festgelegt worden, (1) Netzinfrastruktur, (2) Termi-nals, (3) Testausrüstung und (4) Produkte und Services, die sich nicht in den vorher genannten Kategorien einordnen lassen. Durch das Standard Licence Agreement ist die sog. "Standard Roy-alty Rate" pro essentiellem Patent und Produktkategorie auf 0,1 % des Verkaufspreise eines Pro-duktes festgelegt. Wenn mehr als eine Lizenz pro Produkt gebraucht wird, erhöht sich dieser Pro-zentsatz schrittweise auf maximal 5 % des Verkaufspreises ("Maximum Cumulative Royalty Rate"). Wird eine Lizenz von einem Lizenznehmer für n-Anzahl Produkte unterschiedlicher oder gleicher Produktkategorien verwendet, sind n-Anzahl mal Lizenzgebühren zu zahlen. Als Ergebnis sind maximal 5 % des Verkaufspreises für IPR aufgebracht worden.

Langfristiges Ziel ist es, alle essentiellen Patente in der 3G Patents Platform zu vereinigen. Das schließt sog. "competitive patents" bewusst mit aus, bei diesen handelt es sich um Patente von Alternativtechnologien - man hat die Wahl von Firma A oder B die Lizenz zu erwerben, ohne In-kompatibilität befürchten zu müssen.

Die Lizenznehmer sind bei diesem System nicht gezwungen, Lizenzen von Patenten zu erwerben, die sie gar nicht brauchen, wie es im Falle eines Patent Pool leicht auftreten kann. Da werden Pa-tente gebündelt, eigentlich möchte man nur eines, bekommt aber alle, muss aber auch alle bezah-len.

Die essentiellen Patente bleiben weiterhin Eigentum und unter Kontrolle der Patenthalter. So kön-nen z.B. weiterhin Lizenzen über Cross-Licensing, bilaterale Verhandlungen und dgl. erworben werden. Im Rahmen solcher Verhandlungen sind die Partner nicht an das Standard Licence Agreement und die damit verbundene Höhe der Lizenzgebühren gebunden.

Das System der Lizenzierung funktioniert nun etwa folgendermaßen. Nachdem Firma A seine essentiellen Patente bei der 3G Patent Platform angemeldet hat und diese evaluiert wurden, wird zwischen den beiden ein Vertrag geschlossen, in dem sich der Patenthalter bereit erklärt, seine Patente zu den Bedingungen des Standard Licence Agreements an Dritte, die sich an die Platform wenden, zu lizenzieren. Eine Firma B, die Lizenzen für die Herstellung eines mobilen Terminals für UMTS benötigt, wendet sich an die 3G Patent Platform. Diese findet heraus, dass ein Teil dieser Patente der Firma A gehört, woraufhin Firma A und Firma B entweder über bilaterale Verhandlungen oder über das Standard Licence Agreement den Lizenzerwerb abwickeln.

7.3 Vorteile dieses Modells

Die Vorteile dieses Systems für die Hersteller umfasst nachfolgende Liste. Wichtig ist hierbei, dass es vor allem die Hersteller sind, die über die essentiellen Patente verfügen.

§   Eliminiert die bisherigen Defizite in der Technologiebeschaffung (vor allem hinsichtlich GSM)
§   Sicherheit darüber, welche Patente essentiell sind und wem sie gehören
§   Verringert die Gefahr von unbeabsichtigten Patentverletzungen und daraus resultierenden Verletzungsklagen
§   Fördert das Marktwachstum für 3G-Technologie durch bezahlbare Lizenzen
§   Minimiert IPR-Kosten auf ein planbares Kostenelement im Wettbewerb, durch Anwendung der im Standard Licence Agreement festgelegten Lizenzgebühren von maximal 5% pro Produkt
§   Verringert in erheblichem Maße die anfallenden Transaktionskosten, da es für alle eine gemeinsame Anlaufstelle mit einem vorgefertigten Vertragsrahmen gibt und sich dadurch die Zahl Einzelverhandlungen reduziert
§   Garantiert ein nicht-diskriminierendes Verfahren für Patenthalter und Lizenznehmer durch standardisierte Verfahren hinsichtlich Evaluierung und Lizenzierung
§   Die Hersteller behalten weiterhin völlige Kontrolle über die eigenen Patente
§   Sicherheit über geographische Abdeckung/Gültigkeit von Lizenzen (weltweite Gültigkeit)
§   Verringert Unsicherheit über die Verfügbarkeit von Patenten (sofern Patente bei der Platform registriert sind, sind sie auch verfügbar)
§   Bietet Patenthaltern ein sicheres Verfahren für Einnahmen aus Lizenzen

Insgesamt kann man noch sagen, dass durch dieses System die aus der Verwendung von IPR als Druckmittel im strategischen Marketing resultierenden Markteintrittsschranken verringert werden. Durch theoretisch gleiche Bedingungen für alle können mehr Firmen am Wettbewerb teilnehmen, was den Wettbewerb verstärkt. Dadurch reduzieren sich für alle Beteiligten die Kosten für die Anschaffung von 3G-Technologie, was wiederum dem kommerziellen Erfolg von UMTS förderlich ist.

Daneben hat die 3G Patents Platform nicht nur die Hersteller, sondern auch für Betreiber von Mobilfunknetzen Vorteile:

§   Reduziert die Investitionskosten für Netzhardware und -software durch niedrigere IPR-Kosten der Hersteller
§   Frühere Einführung und schnelleres Wachstum der Netze durch attraktives Geschäftumfeld

von UMTS, niedrige Kosten und IPR-Sicherheit unterstützen dies
§ Verringert Unsicherheit betreffend Verletzungsklagen, die sich negativ auf den Gewinn auswirken können
§ Größere Auswahl an globalen Wettbewerbern im Zulieferermarkt, dadurch verringern sich Kosten und die Gefahr eines Lock-In
§ Insgesamt sicheres und vorhersagbares IPR-Umfeld führt zu einer besseren Bewertung von Telekommunikationsunternehmen am Aktienmarkt

Zusammenfassend lässt sich sagen, dass die positiven Effekte für den Herstellermarkt auch gut für die Netzbetreiber sind. Durch mehr Wettbewerb am Zulieferermarkt wird die Technologie preiswerter, was sich positiv auf den Gewinn der Betreiber und auf die Kosten für den Endnutzer auswirkt. Es entsteht ein sich selbst antreibender Kreislauf. Wenn alle Hersteller ihre Patente über die 3G Patents Platform lizenzieren, können diese preiswerter ihre Technologien herstellen und vertreiben. Mehr Wettbewerb und geringere Preise für die benötigte Hard- und Software beflügeln auch den Betreibermarkt, so dass die Services vom Start weg billiger gemacht werden können. Durch geringere Servicegebühren wird UMTS für den Mobilmarkt attraktiver, dies führt dann letztlich zu mehr Kunden, das erhöht den Umsatz der Betreiber und außerdem müssen die Netze stärker ausgebaut werden, was den Herstellern wieder zu Gute kommt - der Kreis schließt sich. Das ist vermutlich das Szenario, dass die Initiatoren der Platform vor Augen hatten, als sie die Platform spezifizierten. Die 3G Patents Platform könnte somit zu einem Schlüsselfaktor für den kommerziellen Erfolg von UMTS werden, denn wie man sehen kann, profitieren alle Beteiligten von der Reduzierung der IPR-Kosten.

Doch was passiert, wenn die 3G Patents Platform versagt? Die Folgen wären gravierend und UMTS könnte sich kaum durchsetzen:

§ Das Erwerben von 3G-Technologie wird aufgrund hoher damit verbundener Lizenzgebühren sehr teuer
§ Das gegenwärtige System der Lizenzierung mit all seinen Nachteilen bleibt bestehen
§ Die momentan dominanten Hersteller bleiben wahrscheinlich auch in Zukunft bestimmend, zumindest für die "Haltbarkeitsdauer" der 3G-Technologie, was mindestens 10 Jahre sind
§ Es entsteht ein weniger kompetitiver und innovativer Marktplatz für Hersteller, mit allem daraus resultierenden Nachteilen für die Netzbetreiber
§ Neue Markteintrittskandidaten werden es schwer haben, von Anfang an konkurrenzfähig zu sein und sich so gegen die etablierten Hersteller durchzusetzen
§ Patentinhaber werden ihre Rechte aufgrund ihres hohen Marktwertes aggressiv gegen jede illegale Benutzung verteidigen, was Unsicherheit bei allen Beteiligten und ihren Anteilseignern erzeugt
§ Durch die kleine Zahl von Herstellern geraten Netzbetreiber schneller in ein Lock-In-Situation
§ Auftretende Rechtsstreitigkeiten (wie am Beispiel Ericsson und Qualcomm deutlich zu sehen) können zu signifikanten Verzögerungen bei der Markteinführung führen
§ Die Anzahl der Inhaber essentieller Patente hat sich seit GSM deutlich erhöht, was die Situation verschlimmern würde

Ein Versagen würde Nachteile für alle bedeuten. Investitionsunsicherheit führt zu einem weniger attraktiven Geschäftsumfeld für UMTS, infolge dessen sich Netzbetreiber von UMTS zurückziehen könnten und die Aktienwerte aller Beteiligten darunter litten. Die Netzbetreiber und damit natürlich auch die Endkunden sind es letztlich, die die hohen Kosten des Lizenzerwerbs zu tragen hätten.

8. Wettbewerbsrechtliche Implikationen der 3G-Standardisierung

8.1 ETSI

Durch seine Aufgaben bedingt ist das ETSI eine Organisation, in der leicht wettbewerbsbehindernde Entscheidungen getroffen werden können. Allerdings sind auch die Mitglieder und ihre Aktivitäten nicht vom Europäischen Wettbewerbsrecht ausgeschlossen. Das ETSI ist auch ein Platz, an dem sich Vertreter privater, zum Teil konkurrierender Firmen treffen, um im Rahmen gemeinsamer Absprachen Standards zu erarbeiten. Wenn solche Absprachen dazu geeignet sind, den Wettbewerb zu beschneiden, dann fallen diese mit großer Sicherheit unter Art. 81 oder 82 des Vertrages zur Gründung der Europäischen Gemeinschaft in der Verfassung nach dem Amsterdamer Vertrag von 1999. Es ist daher für alle Beteiligten von größter Wichtigkeit, solche Entwicklungen von vornherein möglichst auszuschließen.

Das Regelungen zum Europäische Wettbewerbsrecht sind in den Art. 81 und 82 enthalten und gelten somit in allen 18 Staaten der EU. Art. 81 ist mit Vereinbarungen oder gemeinsamen Vorgehensweisen von Unternehmen oder Entscheidungen von Unternehmensverbänden befasst, die der Verwirklichung von anti-kompetitiven Zielen oder Erreichung ebensolcher Effekte auf dem gemeinsamen Markt dienen. Art. 82 handelt vom Missbrauch einer dominanten Position eines Unternehmens oder eines Unternehmensverbandes, die den Handel zwischen Mitgliedsstaaten beeinflussen. Innerhalb des breiten Rahmens der beiden Artikel obliegt deren Durchsetzung der Europäischen Kommission.

Das Europäische Wettbewerbsrecht hat die Aufgaben
(1) der Errichtung von Handelsbarrieren vorzubeugen
(2) einen effektiven Wettbewerb zu bewahren
(3) Effizienz, Innovation und niedrige Preise zu fördern

8.1.1 Artikel 81

"Mit dem Gemeinsamen Markt unvereinbar und verboten sind alle Vereinbarungen zwischen Unternehmen, Beschlüsse von Unternehmensvereinigungen und aufeinander abgestimmte Verhaltensweisen, welche den Handel zwischen Mitgliedstaaten zu beeinträchtigen geeignet, sind und eine Verhinderung, Einschränkung oder Verfälschung des Wettbewerbs innerhalb des Gemeinsamen Marktes bezwecken oder bewirken." (Vertrages zur Gründung der Europäischen Gemeinschaft, konsolidierte Fassung, Art. 81).

Es macht keinen Unterschied, ob das Unternehmen im Rahmen solcher wettbewerbsbehindernden Strategien als rechtliche Person auftritt oder es durch Angestellte vertreten wird, man kann sich also nicht mit dem Argument herausreden, dass dieser oder jener Ingenieur als solche Vereinbarungen getroffen wurden, nicht im Auftrag der Unternehmensleitung gehandelt hatte. Ebenso unwichtig ist die Form der getroffenen Vereinbarung, auch mündliche Vereinbarungen gelten.

Sollten solche Vereinbarungen dennoch in ETSI-Dokumenten enthalten sein, müssten diesen der Europäischen Kommission mitgeteilt werden und alle involvierten Unternehmen hätten die Konsequenzen zu tragen, die bis zu Ausgleichszahlungen an Betroffene reichen können. Darüber hinaus sind, "Die nach diesem Artikel verbotenen Vereinbarungen oder Beschlüsse [...] nichtig." (Art. 81, Abs. 2).

Wettbewerbsbehindernde Vereinbarungen Arbeit der Gremien des ETSI können dabei u.a. folgende vier Punkte sein:

(1) lokale Aufteilung des Marktes oder Etablierung von Quoten
(2) Vereinbarungen zwischen Mitgliedern eines Patentpool oder einer Cross-Licensing-Vereinbarung, die sich auf die eingeschlossenen Patente beziehen, mit den Zweck Dritte davon auszuschließen oder den Zutritt nur zu überteuerten Konditionen zu gewähren
(3) Liefer- oder Handelsboykotte, die Weigerung an Dritte zu liefern, mit ihnen zu handeln oder sie in eine bestehende Vereinbarung mitein zu beziehen, ohne ihnen die Chance auf Rechtfertigung einzuräumen
(4) Preisabsprachen

8.1.2 Artikel 82

"Mit dem Gemeinsamen Markt unvereinbar und verboten ist die missbräuchliche Ausnutzung einer beherrschenden Stellung auf dem Gemeinsamen Markt oder auf einem wesentlichen Teil desselben durch ein oder mehrere Unternehmen, soweit dies dazu führen kann, den Handel zwischen Mitgliedstaaten zu beeinträchtigen." (Vertrages zur Gründung der Europäischen Gemeinschaft, konsolidierte Fassung, Art. 82).

Der Missbrauch einer marktbeherrschende Stellung liegt vor, wenn ein Unternehmen sich unabhängig von seinen Konkurrenten und Kunden verhalten kann oder sein Stellung ausnutzt, um unfaire Geschäftspraktiken durchzusetzen oder den Handel zwischen Dritten negativen zu beeinflussen.

Indikatoren einer marktbeherrschenden Stellung eines Unternehmens oder eines Oligopols können sein:

§   eine Produktlinie, die nicht mit der anderer kompatibel oder austauschbar ist
§   die Größe des Marktanteils
§   ein technische Vorteile oder Patente (Führung in der Produktentwicklung)

Der Missbrauch einer marktbeherrschenden Stellung kann sich in folgenden Punkten äußern:

(1) Erzwingung von Einkaufs- oder Lieferpreisen (unangemessen hoch oder niedrig), lokale Preisdiskriminierung
(2) Gewähren von Treue-Rabatten zur Sicherung des Kundenstamms

HPI Potsdam, www.hpi.uni-potsdam.de
Integrierter Wettbewerb für Softwaresysteme II:
Standards, Monopole, Patente
WS 2000/2001, Dipl.-Inform. Michael Strerath

(3) unfaire Lizenzierungsbedingungen
(4) Kopplungs- und Ausschließlichkeitsbindungen von Produkten

8.2 3G Patent Platform

Wie bereits in 5.3 erwähnt, kann die 3G Patent Platform ihre Arbeit noch nicht in vollem Umfang aufnehmen, da die Europäischen und Amerikanischen Wettbewerbshüter diesem System der Lizenzierung erst noch zustimmen müssen. Die Japanische Fair Trade Commission hat bereits Ende 2000 grünes Licht gegeben. Die Aufgabe der Wettbewerbshüter ist es, herauszufinden, ob die 3G Patent Platform dazu geeignet ist, den Wettbewerb auf dem Markt für mobile Kommunikation zu behindern.

Dies scheint auf den ersten Blick auch mehr als angebracht, da es sich bei der 3G Patent Platform um eine Organisation von teilweise konkurrierenden Unternehmen handelt und somit die Bestimmungen des Art. 81 verletzt sein könnten. Hinzu kommt, dass trotz der Anzahl von 100 Firmen mit essentiellen Patenten doch wieder nur eine überschaubare Gruppe von "global playern" über eine signifikante Anzahl von Patenten verfügt. Die 3G Patent Platform geht davon aus, dass etwa 20 bis 30 Unternehmen über einen solchen signifikanten Anteil verfügen und der große Rest jeweils nur wenige essentielle Patente besitzt. Diese Unternehmen könnten versuchen, die 3G Patent Platform zur Festigung ihrer Marktposition zu nutzen.

Ein weiterer Aspekt ist, dass über die Platform nur essentielle Patente lizenziert werden sollen, sog. "competitve patents" sind davon ausgeschlossen. Bei diesen Patenten handelt es sich um Patente zu konkurrierenden Alternativtechnologien. Der Lizenznehmer hat eine gewisse Wahlfreiheit, von welchem Unternehmen er eine Lizenz erwirbt. Im Standard Licence Agreement beträgt die maximale Rate an Lizenzgebühren 5% des Verkaufspreises des Produkts, für das diese essentiellen Patente verwendet werden. Es werden keine Aussagen über die Höhe des Preises für die kompetitiven Patente gemacht, hier läuft alles so weiter wie bisher: ist ein Unternehmen an einem Patent interessiert, muss es sich an den Patenthalter direkt wenden und die Lizenzierung direkt verhandeln. Weder 3G Patent Platform noch ETSI haben irgendeinen regulativen Einfluss darauf. Die Patentinhaber sind nicht durch die IPR-Policy des jeweiligen Standardisierungsgremiums (z.B. der ETSI) gebunden, denn auch diese bezieht sich nur auf essentielle Patente. Es ist auch wahrscheinlich, dass o.g. "global player" den Löwenanteil an diesen Patenten besitzen und auf diesem Wege versuchen könnten, Druck auf andere Marktteilnehmer oder Markteintrittskandidaten auszuüben. Können sich die Firmen dann nicht über Cross-Licensing-Agreements einigen, kann auf diese Weise der Wettbewerb effektiv behindert werden.

Dem Cross-Licensing kommt in diesem Zusammenhang eine sehr wichtige Rolle zu. Wenn Unternehmen ihre essentiellen Patente bei der 3G Patents Platform anmelden, behalten sie weiterhin volle Kontrolle über ihr geistiges Eigentum. Will ein Unternehmen Lizenzen dieser Patente erwerben, können sich beide über das Standard Licence Agreement und die damit verbundene Zahlung von Geld einigen (sofern eine Partei dies unbedingt möchte) oder sie können einen eigenen Vertrag aufsetzen, der als Mindestanforderung nur faire und nicht-diskriminierende Lizenz-Bedingungen hat. Es ist denkbar, dass sich beide Unternehmen über eine geringere Zahlungshöhe

HPI Potsdam, www.hpi.uni-potsdam.de
Integrierter Wettbewerb für Softwaresysteme II:
Standards, Monopole, Patente
WS 2000/2001, Dipl.-Inform. Michael Strerath

als beim Standard Licence Agreement einigen oder im Rahmen von Cross-Licensing-Vereinbarungen Lizenzen austauschen. Und wieder wird deutlich, dass etablierte Unternehmen mit großem Patent-Portfolio im Vorteil sind, denn nur sie können Lizenzen tauschen, somit Geld sparen und gegenseitig die Marktposition festigen.

Dem gegenüber hilft die 3G Patent Platform durch ein vereinheitlichtes System zum Lizenzerwerb den beteiligten Patentinhabern und Lizenznehmern viel Zeit und Geld zu sparen, die sonst im Rahmen von bilateralen Verhandlungen aufgebracht werden müssten und erleichtert somit die Verwendung der essentiellen Patente für 3G-Produkte. Dies hat insgesamt nicht nur Vorteile für schon bereits etablierte Marktteilnehmer, sondern auch für solche Unternehmen, die den Markt erst noch betreten wollen.

Wenn alle essentiellen Patente bei der 3G Patent Platform angemeldet sind entsteht eine gemeinsame Wissensbasis, die für alle Unternehmen zugänglich ist. Ohne lange Recherche wird schnell deutlich, welche Patente für das herzustellende Produkt wichtig sind. Durch dieses Wissen können neue Marktteilnehmer nicht so leicht aufgrund mangelnder Erfahrung von etablierten Unternehmen übervorteilt werden.

Durch das Standard Licence Agreement werden keine wettbewerbswidrigen Bündelungen von Patenten lizenziert, sondern immer einzelne Patente. Der Lizenznehmer muss also keine Lizenzen von Patenten erwerben, die er gar nicht braucht. Diese Bündelung wird in Art. 81 Abs. 1d als wettbewerbsbehindernd gekennzeichnet.

Durch Kostenersparnis und die Wissensbasis soll Markteintrittskandidaten der Zugang zum Markt erleichtert werden - und mehr Wettbewerber heißt im allgemeinen auch mehr Wettbewerb mit allen Folgen für den weltweiten 3G Markt.

Darüber hinaus ist die Teilnahme an der 3G Patent Platform für alle Unternehmen mit essentiellen Patenten offen und schließt keine möglichen Konkurrenten auf unfaire Weise aus. Allerdings wird auch niemand zur Zusammenarbeit mit der Platform gezwungen und es wird kein rechtlicher Druck auf solche Firmen ausgeübt. Auch wenn Firmen mit der Platform zusammenarbeiten, werden diese nicht hinsichtlich der Eigentumsrechte an den Patenten eingeschränkt.

So kann abschließend gesagt werden, dass zwar nicht (wie von der 3G Patent Platform selbst dargestellt) absolute Chancengleichheit besteht und alle Interessenten sich einfach so ein Stück vom 3G-Markt abschneiden könnten, da die Unterschiede zwischen den Unternehmen hinsichtlich Eigentum an Patenten, Erfahrung, bisherigem Erfolg am Markt und dergleichen doch recht groß sein können. Doch man stellt fest, dass der Zugang zu essentiellen Patenten sehr erleichtert wurde und von den Folgen alle Beteiligten profitieren. Auf jeden Fall wird kein Unternehmen benachteiligt und die Wettbewerbsbedingungen für Markteintrittskandidaten wurden im Vergleich zu GSM deutlich verbessert.

HPI Potsdam, www.hpi.uni-potsdam.de
Integrierter Wettbewerb für Softwaresysteme II:
Standards, Monopole, Patente
WS 2000/2001, Dipl.-Inform. Michael Strerath

9. Fazit

Mittlerweile haben alle deutschen Mobilfunkbetreiber, die im Besitz einer UMTS-Lizenz sind, ihre Testnetze aufgebaut und bereiten sich auf die Markteinführung vor.

In Japan dagegen hat die Vermarktung des neuen Standards UMTS schon begonnen. Eine Meldung aus dem Newsletter "Billiger Telefonieren" der netzquadrat GmbH, Düsseldorf:

---

o UMTS: Weltweit erstes Netz aktiv

Trotz technischer Probleme beim Start des weltweit ersten UMTS-Netzes haben sich Mobilfunk-Begeisterte am Montag (1. Oktober) in Tokio auf die neuen Geräte gestürzt. Zum Auftakt des kommerziellen Betriebs beim Betreiber NTT Docomo setzten ausgewählte Geschäfte innerhalb eines Vormittages 730 UMTS-Geräte ab.
Der erste UMTS-Dienst namens "Freedom of Mobile Multi-Media Access" (Foma) ist zunächst nur in einem Umfeld von 30 Kilometern um das Zentrum Tokios und in einigen anderen Gebieten der japanischen Hauptstadt verfügbar. Die ersten Nutzer von UMTS können mit den Geräten im Internet surfen, E-Mails empfangen und bewegte Bilder von ihren Gesprächspartnern sehen. Die Apparate können zudem zum Fotografieren und zum elektronischen Spielen eingesetzt werden. Das eigentlich zum UMTS-Angebot zählende Herunterladen von Musik und Videoclips soll frühestens in der ersten Hälfte des kommenden Jahres möglich sein.
(01.10.2001/ur)

Bis es dazu kommen konnte waren viele Schwierigkeiten zu meistern - diese waren nicht nur technischer Natur, sondern auch im Bereich der Standardsetzung und der IPR angesiedelt. Erschwert wurden diese Entwicklungen zum Teil durch wettbewerbspolitische Implikationen, wie das einleitende Beispiel "Ericsson vs. Qualcomm" aufzeigt. An diesem Beispiel wird auch deutlich, wie wichtig Patente und ihre Organisation im Standardisierungsprozess sind, denn, wie bereits zu Anfang ausgeführt, bedeuten Patente auch Marktmacht. Firmen, die mehr Patente besitzen, bestimmen den Standardisierungsprozess auch stärker. Laut Florian Kreutz von der Firma Siemens haben sich dennoch alle Beteiligten bemüht, einen Konsens zu finden: "Die Branche hat erkannt, dass sie an einem Strang ziehen muss und niemand eigene proprietäre Techniken durchdrücken kann." (Computerzeitung, Nr. 47/2001 S.1). Ein besonderer Ausdruck dieses gemeinsamen Bestrebens ist die geplante Einrichtung der 3G Patents Platform, die, wenn sie denn irgendwann ihre Arbeit aufnehmen kann, vor allem den Technologieherstellern durch den einheitlichen Lizenzvertrag viel an Lizenzgebühren sparen kann. Was wiederum wegen geringeren Kosten dem gesamten zukünftigen Mobilfunkmarkt zu Gute kommen wird, denn Patente waren und sind bei der gegenwärtig marktführenden GSM-Technologie ein bedeutender Kostenfaktor. Hier wird deutlich, dass alle Beteiligten bestrebt sind UMTS weltweit zum Erfolg werden zu lassen, ohne aber gleichzeitig ihre eigenen Ziele aus dem Auge zu verlieren.

Ob UMTS jedoch ein kommerzieller Erfolg wird, wird von den Kunden abhängen. Selbst wenn die Leistungsfähigkeit der Technik die Vorstellungen vollständig erfüllt ist unklar, inwieweit überhaupt ein Bedarf an UMTS besteht. Die existierenden 2G-Netze vor allem in Europa sind gut ausgebaut, GSM ist marktführend und wird für die Kunden immer günstiger, ISDN und xDSL stehen für High-Speed-Internet-Zugänge längst bereit. Wenn sich UMTS in einem insgesamt schwierig geworde-nen Marktumfeld durchsetzen soll, muss es entweder einen starken Mehrnutzen für die Kunden bieten, wie z.B. die Bereitstellung ortsgebundener Informationsdienste, oder sehr günstig sein: es wird schwer werden, die Kunden von den Zusatzdiensten zu überzeugen, wenn die Preise nicht stimmen. Dazu kommt, dass bislang keine "Killer Application" identifiziert wurde, so wie SMS bei GSM - Videotelefonie und das Lesen von Emails im Freien werden das wohl eher nicht sein. Auf-grund der hohen initialen Kosten durch die Versteigerung der für UMTS notwendigen Frequenz-bänder in einigen europäischen Ländern wird es für die Netzbetreiber schwer, in der noch bis zum nächsten Mobilfunkstand verbleibenden Zeit ihre Kosten wieder zu erwirtschaften. Sollte sich UMTS nicht durchsetzen, dann droht laut der Hypovereinsbank "aufgrund der enormen Bankkre-dite eine gesamtwirtschaftliche Rezession". Deshalb und nicht zuletzt auch wegen des Kosten-drucks waren die Technologiehersteller zu großen finanziellen Zugeständnissen an die Netzbetrei-ber und zur Schaffung einer gemeinsamen Lizenzierungsmethode bereit.

Glossar

2G Zweite Generation der Mobilfunksysteme, oft in Verbindung mit Standards, Diensten oder Technologien verwendet, bezeichnet allgemein die Zugehörigkeit einer Technologie zur 2. Mobilfunkgeneration (Beispiel: GSM)

3G Dritte Generation der Mobilfunksysteme, bezeichnet allgemein die Zugehörigkeit einer Technologie zur 3. Mobilfunkgeneration (Beispiel: UMTS)

3G3P Third Generation Patent Platform Partnership, zur Etablierung der Third Generation Patent Platform gegründeter Zusammenschluss von Technologienherstellern

3GPP Third Generation Partnership Program, seit Anfang 1999 für die Standardisierung von UMTS verantwortlich, Zusammenschluss mehrerer internationaler Standardisierungsgremien

ACTS Advanced Commuication Technologies and Services, europäisches Forschungsprogramm zur 3G-Mobilfunktechnologie

Airtime Bezeichnet die Zeit, in der eine Verbindung aufrechterhalten bleibt.

AMPS Advanced Mobile Phone System, analoger Mobilfunkstandard der ersten Generation, der vor allem in Nord- und Südamerika und im pazifischen Raum weit verbreitet ist

ARIB Association of Radio Industries and Businesses, japanisches Standardisierungsgremium

ATM Asynchronous Transfer Mode, paketorientierte Übertragungstechnik vor allem für leitungsgebundene Netze

Bluetooth Schnurlose Übertragungstechik für kurze Distanzen

BSC Base Station Controller, verwaltet mehrere BTS

BTS Base Transmission Station, Mobilfunk-Basisstation

CDMA Code Division Multiple Access, eine von mehreren technischen Möglichkeiten, wie derselbe Übertragungskanal (dieselbe Frequenz) von mehreren Teilnehmern gleichzeitig genutzt werden kann

cdma2000 Breitband-Variante von cdmaOne, Alternativtechnologie zu W-CDMA und TD-CDMA vor allem in Nordamerika

cdmaOne ein digitaler Mobilfunk-Standard nach dem CDMA-Prinzip, der in Nordamerika, Korea und Japan eingesetzt wird

CEPT Conference Européenne des Administration des postes et des télécommunications

Committee T1 amerikanisches Standardisierungsgremium

CWTS China Wireless Telecommunications Standards Institute, chinesisches Standardisierungsgremium

D-AMPS Digital Advanced Mobile Phone System, digitale Variante von AMPS, gehört zu den 2G-Technologien

Downstream Datenstrom von Gegenstelle zu Endgerät

DSL Digital Subscriber Line, Datenübertragungstechnologie, mit der über kurze Entfernungen Daten mit hoher Geschwindigkeit über Kupferleitungen übertragen werden können

EDGE Enhanced Data Rates for Global Evolution, Mobilfunkstandard der dritten Generation

EMS Enhanced Message Service, Datendienst in Mobilfunknetzen der dritten Generation

EPÜ Europäisches Patentübereinkommen, Vertragswerk, das die Erteilung von Patenten in Europa regelt

ETSI European Telecommunications Standards Institute, Europäisches Gremium, das Standards in der Telekommunikation entwickelt und verwaltet

FDMA Frequency Division Multiple Access, neben CDMA und TDMA eine weitere Technik zur Nutzung eines Übertragungskanals durch mehrere Teilnehmer

FRAMES Future Radio Wideband Multiple Access System, Unterprojekt von ACTS

GPRS General Packet Radio Service, Erweiterung des GSM-Netzes mit paketorientierter Datenübertragung bei hohen Geschwindigkeiten

GSM Global System for Mobile Communications, Mobilfunkstandard der zweiten Generation. Ursprünglich Groupe Spéciale Mobile.

HSCSD High Speed Circuit Switched Data, Kanalbündelungs-System, das im GSM-Standard statt bisher einen Funkkanal mehrere Kanäle bereitstellt und damit höhere Übertragungsraten erlaubt

IMT-2000 International Mobile Telephone Standard 2000, Initiative der ITU, Familie von Standards für Mobilfunktechnologien und Dienste der dritten Mobilfunkgeneration (3G)

IPR Intellectual Property Rights, bezeichnen das Recht geistiges Eigentum exklusiv vermarkten zu können, dazu zählen vor allem Urheberrechte und Patente

ISDN Integrated Services Digital Network Digitales Telefonfestnetz mit einer Über-tragungsrate von insgesamt 128 kBit/s, integriert verschiedene Dienste

ITU International Telecommunication Union, Organisation der Vereinten Nationen, die für die Koordinationen der globalen Aktivitäten (Standards, Frequenzen, Regulierung) im Bereich Telekommunikation zuständig ist, Sitz in Genf

MMS Multimedia Message Service, Datendienst in Mobilfunknetzen der dritten Generation

MSC Mobile Switching Center, Mobilfunk-Vermittlungsstelle

PCT Patent Cooperation Treaty, Vertragswerk, das die Erteilung von Patenten auf weltweiter Ebene regelt

PDA Personal Digital Assistant, Taschencomputer

PSTN public switched telephone network, öffentliches Fernsprechnetz, die TK-Infrastruktur, über die Sprachdienste für die Öffentlichkeit angeboten werden

RACE Research of Advanced Communication Technologies in Europe, europäisches Grundlagenforschungsprogramm zur 3G-Mobilfunktechnologie

Roaming wörtlich übersetzt "wandern, umherschweifen", steht für das Telefonieren als Gast in einem fremden Netz

SMS Short Message Service, Datendienst im digitalen GSM-Netz

TD-CDMA Time Division - Code Division Multiple Access, auch TDD Time Division Duplex, neben Wideband-CDMA als zusätzliches Funkübertragungsverfahren durch IMT-2000 vorgesehen, Mischform aus dem TDMA und CDMA

TDMA Time Division Multiple Access, Technik zur Nutzung eines Übertragungskanal für mehrere Teilnehmer durch Aufteilung in "Zeitschlitze", kommt bei GSM-Mobilfunk zum Einsatz

TTA Telecommunications Technology Association, koreanisches Standardisierungsgremium

TTC Telecommunicaton Technology Committee, japanisches Standardisierungsgremium

UMTS Universal Mobile Telecommunications System Standard

Upstream Datenstrom hin zu einer Gegenstelle

UTRAN UMTS Terrestrial Radio Access Network, Bezeichnung für den funktechnischen Teil eines UMTS-Netzes

W-CDMA Wideband Code Division Multiple Access, auch FDD Frequency Division Duplex, Variante des CDMA-Prinzips mit hohen Übertragungsbandbreiten, eine der in der IMT-2000 vereinbarten Funkübertragungs-Modi

WAP Wireless Application Protocol, Datenprotokoll speziell für Mobilfunksysteme

WML Wireless Markup Language, Markup-Sprache für WAP-Inhalte

Quellen

Bild auf Titelseite: Siemens AG

1. Einleitung: "Ericsson vs. Qualcomm"

c't 17/2001, S. 170: Software-Patente, Richard Sietmann, Wettbewerb im Gerichtssaal, Der Kampf ums geistige Eigentum treibt das Patentwesen in die Zerreißprobe

License or Be Damned, by Ralph Cunningham, http://www.howrey.com/practices/ip/news_006.cfm, zuletzt besucht 30.11.2001

Funkschau 4/99, Patentstreit um W-CDMA, Herbert Grab

Funkschau 9/99, GG, Der Weg für globalen Mobilfunkstandard ist frei

International Telecommunication Union, http://www.itu.int/home/index.html, zuletzt besucht am 01.12.2001

2. Analyse der beteiligten Gruppen

http://www.siemens-mobile.de, zuletzt besucht 30.11.2001

http://www.nokia.de, zuletzt besucht 30.11.2001

http://www.alcatel.de, zuletzt besucht 30.11.2001

http://www.etsi.org, zuletzt besucht 30.11.2001

http://www.3gpp.org, zuletzt besucht 30.11.2001

http://www.reg-tp.de, zuletzt besucht 30.11.2001

http://www.umts-forum.org, zuletzt besucht 30.11.2001

3. Der Mobilfunkmarkt

Bundesministerium für Wirtschaft und Techologie

http://www.bmwi.de/Homepage/download/wirtschaftspolitik/WIZ02.pdf, zuletzt besucht 25.11.2001

Statistisches Bundesamt
http://www.statistik-bund.de/, zuletzt besucht 25.11.2001

Datacomm Research
http://www.datacommresearch.com/old/reports2.html#Wireless%20Web%20Wonders:%20Opportu
nities%20For%20Smart%20Phones%20&%20PDAs, zuletzt besucht 25.11.2001

Jupiter MMXI http://de.jupitermmxi.com/xp/de/home.xml, zuletzt besucht 25.11.2001

T-Mobile http://www.t-mobile.de/index, zuletzt besucht 25.11.2001

D2-Vodafone http://www.d2-vodafone.de/, zuletzt besucht 25.11.2001

E-Plus http://www2.eplus.de/unternehmen/, zuletzt besucht 25.11.2001

Viag Interkom
http://www.viaginterkom.de/de/intro/welcome/unternehmen.idxx.200000.ver.3.os.3.nnie..html, zuletzt besucht 25.11.2001

Vodafone http://www.vodafone.com/investor/, zuletzt besucht 25.11.2001

KPN http://www.kpn-corporate.com/eng/ir/index.php?id=3&taal=eng, zuletzt besucht 25.11.2001

Durlacher Corporation Plc. http://www.durlacher.com/registration/reg-umts.asp, zuletzt besucht
25.11.2001

Qualcomm http://www.qualcomm.net/about/index.html, zuletzt besucht 25.11.2001

GSM Association http://www.gsmworld.com/index1.html, zuletzt besucht 25.11.2001

4. Technologien im Umfeld von UMTS

IKB Deutsche Industriebank AG http://www.ikb.de, zuletzt besucht 23.11.2001

GSM Association GPRS Overview http://www.gsmworld.com/technology/yes2gprs.html, zuletzt
besucht 23.11.2001

Frank Dohmen, Klaus-Peter Kerbusk, Mobilfunk: Evolution statt Revolution
In: DER SPIEGEL 46/2001, S.98ff

Magazin Teltarif http://www.teltarif.de/nl/n86.html, zuletzt besucht 23.11.01

http://www.siemens-mobile.com/pages/isleofman/, zuletzt besucht 25.11.2001

http://www.umts-forum.org, zuletzt besucht 23.11.2001

http://cellphones.about.com/cs/technologies/index.htm, zuletzt besucht 23.11.2001

http://www.nokia.de/mobile_phones/glossar/index.html, zuletzt besucht 23.11.2001

http://www.atmforum.com/, zuletzt besucht 25.11.2001

http://www.billighandys.de/umts.htm, zuletzt besucht 25.11.2001

http://www.qualcomm.com/cdma/3g.html, zuletzt besucht 25.11.2001

CDMA Development Group http://www.cdg.org/tech/tech.asp, zuletzt besucht 25.11.2001

Fachzeitschrift "Elektronik" online
http://www.elektroniknet.de/fachthemen/messen/artikel/ek9825a_1.htm#zu_2

http://www.nokia.de/systemloesungen/mobilfunk/umts/index.html, zuletzt besucht 25.11.2001

http://www.ericsson.de/technologien/umts/index.html, zuletzt besucht 25.11.2001

http://www.siemens.de/umts, zuletzt besucht 25.11.2001

http://www.cdg.org/tech/a_ross/Principles.asp, zuletzt besucht 25.11.2001

5. Patente im strategischen Marketing

Patent-, Marken- und Urheberrecht. Leitfaden für Ausbildung und Praxis. Volker Ilzhöfer, Taschen-buch - Vahlen, München, Erscheinungsdatum: 2000, Auflage: 4. Aufl.

Unterlagen aus Vorlesung: Integrierter Wettbewerb für Softwaresysteme, WS 2000/01, Dipl.-Inf. Michael Strerath

Unveröffentlichte Ausarbeitung zum Thema: Entwicklung eines Programms zur Musikentwicklung, Autoren: Christian Günther, Daniel Gülzow, Sebastian H. Schenk, Kolja Schötzau

6. Entwicklung und Aufgaben der Standardisierungsgremien

Vom analogen zum digitalen Mobilfunk. Geschichte des Mobilfunks III
http://www.presseloft.nokia.de/special/mobile_history/teil_3.html, zuletzt besucht 30.11.2001

Vom analogen zum digitalen Mobilfunk. Geschichte des Mobilfunks IV
http://www.presseloft.nokia.de/special/mobile_history/teil_4.html, zuletzt besucht 30.11.2001

GSM - Ein Weltstandard mit Geschichte
http://www.alcatel.de/telecom/mobilfunk/gsm_p4.htm, zuletzt besucht 30.11.2001

Herausforderungen für die dritte Generation
http://www.alcatel.de/telecom/mobilfunk/3gen/p_1.htm, zuletzt besucht 30.11.2001

Standardisierung der Luftschnittstelle in Europa
http://www.presseloft.nokia.de/special/umts_special/standardisierung/index.html, zuletzt besucht
30.11.2001

Standardisierung der Luftschnittstelle in Europa. Fortsetzung
http://www.presseloft.nokia.de/special/umts_special/standardisierung/standardisierung_ff.html,
zuletzt besucht 30.11.2001

Der ETSI Entscheidungsprozess
http://www.presseloft.nokia.de/special/umts_special/standardisierung/etsi.html, zuletzt besucht
30.11.2001

UMTS-Releases 1999 und 2000
http://www.presseloft.nokia.de/special/umts_special/standardisierung/releases.html, zuletzt besucht 30.11.2001

Weltweite Standardisierungsbemühungen
http://www.presseloft.nokia.de/special/umts_special/standardisierung/global.html, zuletzt besucht
30.11.2001

Weltweite Körperschaften und Standardisierungsgremien, die in die UMTS-Spezifizierung involviert
waren
http://www.presseloft.nokia.de/special/umts_special/gremien/index.html, zuletzt besucht
30.11.2001

About ETSI
http://www.etsi.org/aboutetsi/home.htm, zuletzt besucht 30.11.2001

Role & Structure of ETSI
http://www.etsi.org/missionstructure/home.htm, zuletzt besucht 30.11.2001

IPR policy
http://www.etsi.org/legal/home.htm, zuletzt besucht 30.11.2001

IPR database of ETSI
http://webapp.etsi.org/IPR/home.asp, zuletzt besucht 30.11.2001

Technical body chairmans guide on IPR
http://www.etsi.org/legal/ipr_guide.htm, zuletzt besucht 30.11.2001

Download collection of documents
http://portal.etsi.org/directives/home.asp, zuletzt besucht 30.11.2001

Membership FAQ
http://www.etsi.org/memberfaq/home.htm, zuletzt besucht 30.11.2001

Partnership programs of ETSI
http://www.etsi.org/ppmembers/home.htm, zuletzt besucht 30.11.2001

What is a standard related to ETSI
http://www.etsi.org/smp/home.htm, zuletzt besucht 30.11.2001

ETSI FAQ
http://www.etsi.org/infocentre/FAQ.htm, zuletzt besucht 30.11.2001

3GPP Broschure
http://www.etsi.org/literature/hfa_brochures/pdf/3GPP.pdf, zuletzt besucht 30.11.2001

UMTS Broschure
http://www.etsi.org/literature/hfa_brochures/pdf/3GPP.pdf, zuletzt besucht 30.11.2001

ETSI annual report
http://www.etsi.org/literature/Annual_Report_2000/pdf/AR_GER_00.pdf, zuletzt besucht
30.11.2001

About 3GPP
http://www.3gpp.org/About/about.htm, zuletzt besucht 30.11.2001

3GPP FAQ
http://www.3gpp.org/faq/faq.htm, zuletzt besucht 30.11.2001

3GPP description
http://www.3gpp.org/About/3GPP.ppt, zuletzt besucht 30.11.2001

3GPP Working Procedures
http://www.3gpp.org/About/3gpp_wp.zip, zuletzt besucht 30.11.2001

3GPP Agreement
http://www.3gpp.org/About/3gppagre.pdf, zuletzt besucht 30.11.2001

7. Lizenzierung von 3G Technologien

3Gpatents About
http://www.3gpatents.com, zuletzt besucht 30.11.2001

Background History of the 3G Patent Platform
http://www.3gpatents.com/uipa/history.htm, zuletzt besucht 30.11.2001

Press Release: Third Generation Mobile Systems (UMTS) IPR Working Group
http://www.3gpatents.com/press/9812d.htm, zuletzt besucht 30.11.2001

Press Release: Second Meeting of the Third Generation Mobile Systems (UMTS) IPR Working
Group
http://www.3gpatents.com/press/9827e.htm, zuletzt besucht 30.11.2001

Press Release: IPR Concerns for UMTS. Interrim Results of the Third Generation Mobile Systems
(UMTS) IPR Working Group
http://www.3gpatents.com/press/9827e.htm, zuletzt besucht 30.11.2001

Press Release: Industry group plans a 5% maximum royalty for 3G Systems
http://www.3gpatents.com/press/99109d.htm, zuletzt besucht 30.11.2001

Commercial operation of 3G Patents Ltd
http://www.3gpatents.com/3gpatents/2000156.htm, zuletzt besucht 30.11.2001

What you need to know about the 3G Patent Platform
http://www.3gpatents.com/3g3p/200015f.pdf, zuletzt besucht 30.11.2001

Third Generation Mobile Communications. Making available affordable 3G Technologies
http://www.3gpatents.com/3g3p/9939.pdf, zuletzt besucht 30.11.2001

3G Paten Platform for Third Generation Mobile Communication Systems. Definition, Function,
Structure, Operation, Governance.
http://www.3gpatents.com/uipa/9977l2.pdf, zuletzt besucht 30.11.2001

IPR policy
http://www.etsi.org/legal/home.htm, zuletzt besucht 30.11.2001

IPR database of ETSI
http://webapp.etsi.org/IPR/home.asp, zuletzt besucht 30.11.2001

Views on the Consultation. Pursuant to Prior Consulting System.Relating to Patent and Know-how
Licensing Agreement. Unofficial translation from japanese original.
http://www.3gpatents.com/press/2000158e.htm, zuletzt besucht 30.11.2001

8. Wettbewerbsrechtliche Implikationen der 3G-Standardisierung

Guide to the European competition law
http://www.etsi.org/legal/comp_law.htm, zuletzt besucht 30.11.2001

Eurpäische Gesetze
http://europa.eu.int/eur-lex/de/treaties/dat/treaties_de.pdf, zuletzt besucht 30.11.2001

Ingo Schmidt. Wettbewerbs- und Kartellrecht. Eine Einführung. Lucius u. Lucius, Stuttgart, 7., neubearb. Aufl., 2001

9. Fazit

Computerzeitung, Nr. 47/2001 S.1

Newsletter "Billiger Telefonieren" der netzquadrat GmbH, Düsseldorf, http://www.billiger-telefonieren.de/service/mailingliste.php3

Weiterführende Literatur

Shapiro/Varian, Information Rules, Boston, HBS Press, 1999

UMTS - das Netz, das die Welt verändert, Ericsson-Broschüre

Siemens Web Based Training UMTS, http://www.siemens-mobile.de/pages/umtscap/index_.htm

UMTS - An Investment Perspective, Report der Durlacher Corporation,
http://www.durlacher.com/research/res-reports.asp

Wireless Web Wonders - Opportunities for Smart Phones and PDAs, Information Gatekeepers Inc.
1999, http://161.58.193.94/ZIGWWW.html